一看就懂的微信营销全图解

升级版

郑彬◎著

北京理工大学出版社
BEIJING INSTITUTE OF TECHNOLOGY PRESS

图书在版编目（CIP）数据

一看就懂的微信营销全图解：升级版 / 郑彬著 .—北京：北京理工大学出版社，2017.3（2019.6 重印）

ISBN 978-7-5682-3365-1

Ⅰ. ①一…　Ⅱ. ①郑…　Ⅲ. ①网络营销–图解　Ⅳ. ① F713.36-64

中国版本图书馆 CIP 数据核字（2016）第 271461 号

出版发行 / 北京理工大学出版社有限责任公司
社　　址 / 北京市海淀区中关村南大街 5 号
邮　　编 / 100081
电　　话 /（010）68914775（总编室）
（010）82562903（教材售后服务热线）
（010）68948351（其他图书服务热线）
网　　址 / http：//www.bitpress.com.cn
经　　销 / 全国各地新华书店
印　　刷 / 北京市雅迪彩色印刷有限公司
开　　本 / 880 毫米 ×1230 毫米　1/32
印　　张 / 7.25
字　　数 / 123 千字
版　　次 / 2017 年 3 月第 1 版　2019 年 6 月第 2 次印刷
定　　价 / 31.80 元

责任编辑 / 王晓莉
文案编辑 / 王晓莉
责任校对 / 周瑞红
责任印制 / 李志强

目录

第1章 我是微信，我来了

第2章 微信营销——企业家、创业菜鸟、草根达人的必备神器

第3章 别说你不信，超强功能让微信营销变得更加彪悍

第4章 微信营销，这么玩你才能赚钱

第 5 章 "微"风暴，微信营销在行业内的实践指导

第 6 章 你还不知道的微信另一面

使用说明书

《一看就懂的微信营销全图解：升级版》是专为下定决心、渴望掌握微信营销技术的人士编写的一本生活操作指南。全书共6章，每章分为若干节，每节之内再细化成若干小标题。为了让读者尽快掌握微信营销的各项观点，以最便捷的方式采取行动，本书的文字内容通俗易懂，在编排上也尽可能让每部分一目了然。

大标题

每章都有几个大标题，大标题揭示该篇要学习的知识。每个大标题为初学者揭示了一个知识要点。

小节标题

对应本章节内容，提出微信营销在该方面的一个观点。

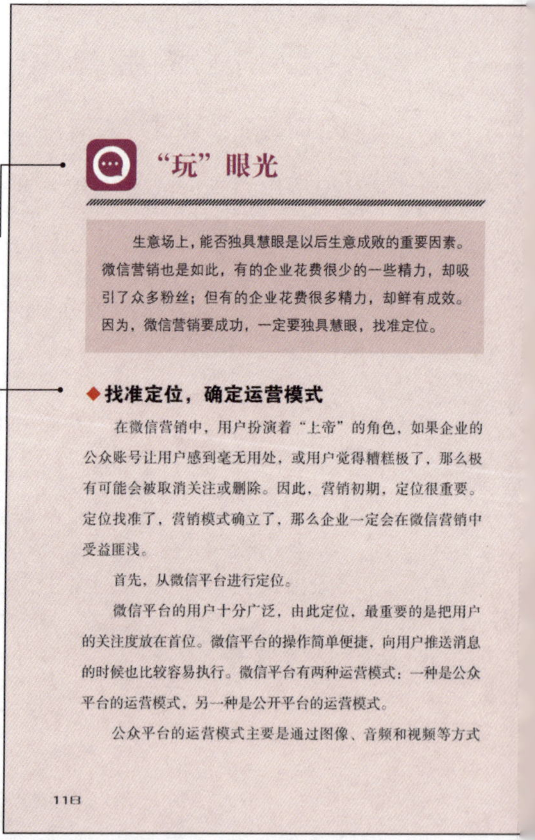

“玩”眼光

生意场上，能否独具慧眼是以后生意成败的重要因素。微信营销也是如此，有的企业花费很少的一些精力，却吸引了众多粉丝；但有的企业花费很多精力，却鲜有成效。因为，微信营销要成功，一定要独具慧眼，找准定位。

◆找准定位，确定运营模式

在微信营销中，用户扮演着“上帝”的角色，如果企业的公众账号让用户感到毫无用处，或用户觉得糟糕极了，那么极有可能会被取消关注或删除。因此，营销初期，定位很重要。定位找准了，营销模式确立了，那么企业一定会在微信营销中受益匪浅。

首先，从微信平台进行定位。

微信平台的用户十分广泛，由此定位，最重要的是把用户的关注度放在首位。微信平台的操作简单便捷，向用户推送消息的时候也比较容易执行。微信平台有两种运营模式：一种是公众平台的运营模式，另一种是公开平台的运营模式。

公众平台的运营模式主要是通过图像、音频和视频等方式

118

在阅读页面上，采用简单、清楚的学习界面，加上图解来辅助解释复杂的概念。此外，在行文中还加上了意味隽永的小常识板块，可以加深记忆；再加上能让人扩大知识面的图解，阅读这本书就成了一种享受。只要掌握这本书的内容，你就能迅速成为屡战屡胜的微信营销达人。

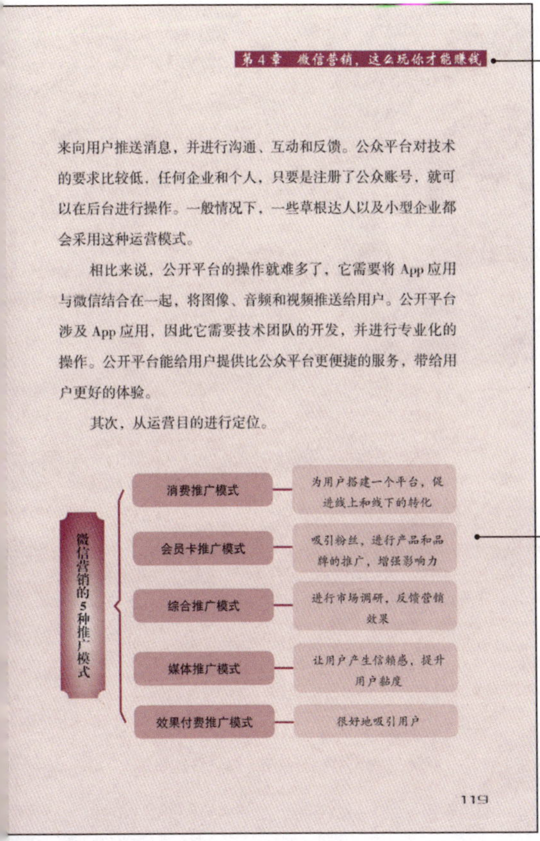
第4章　微信营销，这么玩你才能赚钱

来向用户推送消息，并进行沟通、互动和反馈。公众平台对技术的要求比较低，任何企业和个人，只要是注册了公众账号，就可以在后台进行操作。一般情况下，一些草根达人以及小型企业都会采用这种运营模式。

相比来说，公开平台的操作就难多了，它需要将 App 应用与微信结合在一起，将图像、音频和视频推送给用户。公开平台涉及 App 应用，因此它需要技术团队的开发，并进行专业化的操作。公开平台能给用户提供比公众平台更便捷的服务，带给用户更好的体验。

其次，从运营目的进行定位。

119

章名

概述微信营销所涉及的各方面内容，每章为一个相对独立的主题。

图解

将关键词以图表的形式排列出来，诠释该章所叙述的内容，更直观地体现理论知识，并标明了微信营销的5种推广模式，便于读者记忆和实际操作。

第1章

我是微信，我来了

2011年，腾讯公司推出了一款为智能终端提供即时通信服务的免费应用程序，从此创造了一种新的生活方式——微信。这是一款超过4亿人使用的手机应用软件，它支持发送语音、视频、图片和文字，最重要的是，它适用于大部分智能手机，并且仅需要消耗少量的流量。

微信对日常生活的影响有哪些

想知道亲朋好友的最新动向，想知道竞争对手的发展趋势，还在上人人网？约朋友吃饭、送祝福，还在发短信？要省钱、拼房子拼车，还在看小广告？微信来了，还用得着那些吗？如果你的世界中没有出现过“摇一摇”，没有出现过微信这样的字眼，那你就 Out（落伍）了。为了避免和时代脱节，赶紧翻开这本书，看看我们会带你进入一个什么样的神奇世界。

◆微信成为交友神器

用过微信的人都知道，它的核心功能是用语音通话构建的社交体系。随着版本的不断更新，微信对其功能也进行了不断的更新，主要包括：视频的即拍即发、查看附近的人、编辑个性签名、语音记事本、群名备注的修改等。

视频的即拍即发：微信视频，可以说是一个奇迹。拍摄的视频经过压缩处理，使之适合在移动网络上传送，可以让家人、朋友随时分享一些精彩的生活片段。如果你愿意，随时都可以让自己成为被众人关注的焦点人物。

查看附近的人：LBS 功能的引入，使微信成为网络的“微社交”专员，这就大大提升了用户体验的兴趣。打开“附近的人”这一功能，微信会自动根据用户当前的地理位置，找到同一时段开启这项功能的附近的人，并可以向对方打招呼。这一功能使微

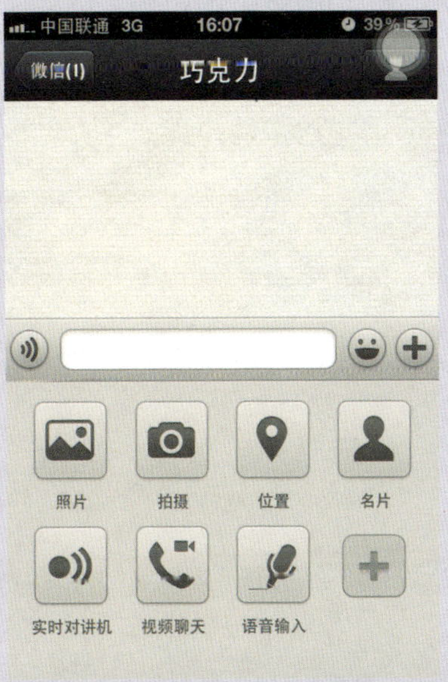

视频的即拍即发：可以让家人随时分享精彩的生活片段。

具体操作步骤：打开微信，选一个好友，点击进入对话界面，按住屏幕下方的“+”，选择拍摄，就可以即拍即发视频，怎么样？很简单吧……

附近的人：使微信的朋友圈以一个纯熟人的圈子扩展到陌生人。

具体操作步骤：进入微信界面后，点击屏幕下方的“发现”，就可查看到“附近的人”这一功能，点击进入后，就可以查看与你同时使用这一功能的附近的人了，要多少有多少，朋友只会多不会少。

信的朋友圈从一个纯熟人的圈子扩展到了开发认识更多的陌生好友，有可能你和她居住在同一小区，从不认识，却通过微信一见如故；有可能你和她都喜欢宅在家中，正愁恋爱问题无法解决，微信能让你们彼此一见倾心……

编辑个性签名：用户可以根据自己的喜好和心情编辑个性签名，让朋友了解自己此时此刻的状态。这个很有意思，你的一句话可以简单明了，让人一目了然。也可以意味深长，让人思量再三、猜测半天。个性签名既可以写别人，也可以写自己，它是一个展示心灵的舞台——五彩缤纷、无比丰富。

可根据自己的喜好和心情编辑个性签名。

具体操作步骤：点击微信屏幕下方的“我”，进入个人设置页面，点击“头像”，就可以轻松修改自己的个性签名了。

语音记事本：一种语音速记的工具。用户可以随时随地地记下自己的心情。除了语音以外，语音记事本还支持视频、图片和文字等格式，记录备忘从此变得不再枯燥无趣。当然，它的功能还包括查看记事本、记录事件，也可以同步备份到 QQ 邮箱记事本。

语音速记工具，可随时随地记录自己的心情。

具体操作步骤：进入功能设置界面，在这个界面内就可以看到语音记事本的功能了。

群名备注的修改：新版的微信支持修改群名字，这就方便了用户迅速识别不同的群。

群名备注修改，方便识别不同的群。

具体操作步骤：点开一个群，通过点击界面右上角的标志，进入修改群的界面，在这里就可以进行群名备注的修改了。

除了以上这些功能以外，动动手指就能搞定的手机注册、贴心实用的系统通知，都体现了微信“用户为王”的理念，这也让其迅速成为人们的“新宠”。你不可能随时让一个笔记本寸步不离，也不可能总是通过笔记本和好友联系。但是，你却可以随时随地通过手机去满足你社交的愿望，那么还等什么？让网络走入生活，让微信替你清除这些烦恼。

◆微信可以随时获知好友的动态

想知道好友的动向，再也不用发短信、打电话，手指轻轻一点，就可以全部知晓，微信就是这么强大。有了微信，即使好友在天涯海角，他都犹如在你身边，形影不离。

微信朋友圈的开通和公众平台账号的应用，让微信迅速成为微博的劲敌，因为它有了和微博同样的可以发状态、发评论、与朋友分享的功能，同时让它具有自媒体的特性。除此之外，它还比微博更具私密性，微信朋友圈只有微信好友才能评论，其他人的评论也只有共同好友才能看到。这种设计是不是更显得人性化？让你喜欢的人喜欢你的一切，让你不喜欢的人远离你的生活……

朋友圈是微信除了摇一摇、查找附近的人等功能之外的另一个非常重要的社交工具，它连接了朋友和整个世界，让人际关系网更亲近，同时也为信息的流动提供了很大的自由度。

微信朋友圈的重点项目是图片，用长文字抒写状态和心情并不符合手机用户的习惯，微信抓住这一特点，建立了“个人相册”，这样用户就可以通过照片进行移动社交。在好友的首页可以看见对方的相册集，照片分享到朋友圈之后，朋友们可以对其进行“评论”和点“赞”，这就让朋友之间无形中形成了一种互动。除了支持这些图片、视频的转发以外，还支持“发布用户当前的地理位置”。举个例子：你在某一个世界旅游胜地吃着一顿豪华大餐，突然，心随我动，信手拍了几张照片发送到相册中……朋友顿时就知道你的最新动态，各种赞不绝口和各种艳羡顿时铺天盖地而来……感觉不错吧……

在微信朋友圈内，可以看到好友发送状态、心情以及照片，朋友可以对其进行“评论”或点“赞”，这种方式增加了交流和互动。

具体操作步骤：打开微信界面，在最下方点击“发现”，就可以看到“朋友圈”，点击“朋友圈”，就可以看到好友的状态等。

现在社会瞬息万变，高科技的发展使快速阅读成为一种习惯，相对而言，比起大段的文字，人们似乎更愿意读图、读照片。一目了然的图片可以让人用更短的时间了解最重要的信息，这种简便的沟通方式让朋友之间的关系反而变得更加密切。对于读图时代来说，微信“朋友圈”这个功能，让一切交流都变得更简单。

你在享受美好生活的同时，朋友也通过视觉感很强烈的图片形式同一时间分享你美好的生活，世界，再次缩小成你和我。

小常识：

点个“赞”，分享至朋友圈，竟能创造巨大的影响力。很多商家抓住了这一商机，开展了点“赞”的营销模式。其实，这种模式也不是刚刚才开始蔓延的，早在微博风生水起的时候，就出现了“转发抽奖”的营销方式，粉丝只需要动动拇指，将自己看到的信息分享至朋友圈，经过好友的推广，瞬间就能达到风靡的程度。

◆有了微信，短信、彩信、飞信几乎成了浮云

在很长的一段时间里，短信都是人们最热衷的聊天方式，你说一句，我回一句。遇到节日，再群发什么消息，又耐着性子等候回复的短信，觉得有意思极了……但微信的出现改变了这种现状，如今，发短信、彩信，打电话的人越来越少。微信相对于短信，不仅是改良了的沟通工具，更是一个手机互联网的移动社区。

微信的出现，让短信、彩信和飞信几乎成了“浮云”。

飞信是中国移动推出的“综合通信服务”，这一即时工具的出现曾经给短信带来了分流，而现如今，微信的出现却“革了短信的命”。

微信是在短信的基础上发展起来的，保持了其隐秘和唯一的特性，同时做了进一步的优化。微信的基础优势是零资费，支持语音、视频并且支持多人群聊。你再也不用费尽心思编辑一条短信，然后耐着性子根据通信录依次选人，同时，还一不小心被限制了群发的最高人数，再耐着性子群发下一波了。有了微信，一切都简单了许多。

微信有一个非常好的特点，它可以通过网络发送，不受地域、国界的限制，即使是在国外的好友，也可以使用微信对讲。微信发信息产生的流量费用是由运营商收取的，每兆流量可以发几千条小消息，而短信则是每条 0.1 元。通过收发语音信息可以清晰地了解对方的感受，视频聊天则让感官得到了极大的满足，这一点是只能发文字、图片的短信和彩信所无法比拟的。对比两者，你再看看你的钱包，一个让你在不经意间流逝掉无数个一毛，而另一个则让你的钱包气定神闲，胜似闲庭信步，是不是更中意微信？

不管是短信还是微博，与客户的沟通都不如微信来得深刻，微信最大的优势是做服务，促进客户的二次、三次乃至 *N* 次消费。

通过相应的市场分析，现在微信营销做得最好的商家，大多是需要反复购买的商家，地域性也比较强，比如餐饮、KTV、美容美发、培训等，这些行业的企业微信玩得最好，效果也最好。

◆要省钱，找微信会员卡

钱包总是鼓鼓囊囊的，各种各样的会员卡数不胜数，商场、超市、饭馆……商家搞活动，推荐新商品的时候，会员会最先得到消息并且成为第一批受益者，因此，会员卡扩大了消费群体，增强了用户的黏性和忠诚度，给商家带来了巨大的效益。

微信会员卡在微信营销中起着重要的作用，会员既省去了随身携带会员卡时的麻烦，又能随时随地知道所关注企业的优惠信息，一举两得，何乐而不为？

基于会员卡的种种优势以及微信的影响力，以二维码为基础的微信会员卡成为商家的一种新的运营模式，给顾客带来了极其便捷的购物体验。

商家通过微信公众平台账号后台设置二维码内容，用户扫描二维码就可以成为会员，享受会员的待遇。微信会员卡将 O2O 的商业模式运用到了现实中，很好地整合了线上线下资源。对于会员来说，会员卡直接保存在手机中，省去了携带会员卡的麻烦，让钱包瘦身不少，还不用担心会员卡不小心遗失后如何补办，同时还可以轻而易举地查询到最新的优惠信息，方便而且实用。对

小常识：

首先，什么是 O2O？

O2O 即 Online to Offline，即将线下商务的机会与互联网结合在一起，让互联网成为线下交易的前台。这样，线下服务就可以用线上来揽客，消费者可以用线上来筛选服务，还有，成交可以在线结算，很快达到规模。

首次的 O2O 模式是在 2006 年沃尔玛公司提出的 SitetoStore 的 B2C 战略，即通过 B2C 完成订单的汇总及在线支付，顾客到 4 000 多家连锁店取货，该模式就是 O2O 的模型。

中国 O2O 模式的发展现状大概是：携程、大众点评网为中国最早的 O2O 模式。但它们仅注重信息流的传递，资金流和服务流一般线下实现。

团购就是中国 O2O 市场的极小缩影。但是 O2O 和团购也是有区别的：O2O 是网上商城，团购是低折扣的临时性促销。

那么，B2C、C2C 这些传统的电子商务模式与 O2O 有哪些异同呢？不同点在于 B2C、C2C 是在线支付，购买的商品会塞到箱子里，通过物流公司送到你手中。而 O2O 是在线支付，购买线下的商品、服务，再到线下去享受服务。

于商家来说，每个微信用户都是其品牌的传播媒介，优惠信息转发到“朋友圈”中，这种传播可信度更高、转化率更高，而商家的运营成本却很低，简直是坐收渔翁之利。

微信会员卡在微信营销中有很重要的意义。它能够大范围地传递品牌的价值理念和树立品牌的形象，吸引粉丝成为其会员，扩大受众群体，吸引顾客，增加老顾客的回头率和好口碑，商家用最低的成本获得最高的效益。

◆送祝福，送惊喜，微信来帮你

节日送祝福早就成了人们的一种生活习惯，从明信片、邮件到现在的短信、微博、微信，人们传递祝福的方式越来越多样化。

微信送祝福的方式已悄然盛行，人们不再拘泥于单一的文字短信和语音通话，转向了更多样的模式。发图片、发语音、发视频，这些形式创造了更多的惊喜和个性。你想想看，亲人出差，远在千里之外，微信忽然送来一段视频，近在咫尺的感觉顿时出现，陪伴在身边“暖暖”的情绪油然而生，多好。

另外，微信送祝福的时候既要彰显个性，又要让很多人都收到，“群发助手”是不错的选择。微信，真正做到了因人而异地送祝福、送惊喜。微信，也真正做到了想你不能想，起到了随行好帮手的作用。

◆拼房子、拼车，微信样样都行

许多年轻人，工作、生活压力大。为了节约成本，拼房子、拼车已然成了“酷抠儿”一族的最好选择。而微信一对一的互动、海量的信息、便利的 LBS 功能，为用户提供了方便、可信度高的服务。将“找”和“拼”发挥到了极致。

“找”就是在 1 000 米的范围内寻求帮助，微信用户通过个性签名编写状态，比如询问最近的商场在什么地方。一般情况下，熟悉附近情况的用户看到这类签名，都会热心地做出回答，提供帮助，这样比问路人或在网上查找信息更方便、更省时。很可能你一个问题刚提出来，突然，答案就从热心用户那里“飞”出来了。

“拼”就是几个人凑在一起，比如拼房子、拼车等。这种新的方式将许多有共同目的的人集合在一起，通过财物均摊的方式来满足共同的需求，这种信息方便快捷，最重要的是比网上的消息更加真实可靠。比如，你可以第一时间查找到自己需要的房子和车子，还可以第一时间知道这个房子是不是已经出租出去，车位是不是已经满员。

小常识：

LBS 功能：

LBS（Location Based Service）是基于位置的服务，通过电信移动运营商的无线电通信网络（如 GSM、CDMA）或外部定位方式（如 GPS）获取移动终端用户的位置信息（地理坐标或大地坐标），在 GIS（Geographic Information System，地理信息系统）平台的支持下，为用户提供相应服务的一种增值业务。

它包括两层含义：一是确定移动设备或用户所在的地理位置；二是提供与位置相关的各类信息服务。意指与定位相关的各类服务系统，简称“定位服务”，另外一种叫法为 MPS（Mobile Position Services），也称“移动定位服务”系统。如找到手机用户的当前地理位置，然后在上海市 6 340 平方千米的范围内寻找手机用户当前位置处 1 000 米范围内的宾馆、影院、图书馆、加油站等的名称和地址。所以说 LBS 就是要借助互联网或无线网络，在固定用户或移动用户之间完成定位和服务两大功能。

微信让免费沟通成为可能

谈及微信的优点，经常使用的人都会罗列出一两条来，如灵活、智能、沟通方便等，但更重要的是，它能够帮助使用者节约资费。无论远近，只要有了微信，你再也不需要为沟通支付高昂的费用了。

◆低资费俘获超高人气

人海战术，拼的就是人气，一个产品在很短时间成为众人的最爱，它肯定有很多让人心动的地方，微信的低资费就是使其日益成为人们新宠的原因之一。

微信作为一款为智能手机打造即时通信服务的应用程序，它的费用是极低的。微信支持跨通信运营商、跨操作系统平台通过网络快速发送语音短信、视频、图片和文字，并支持多人群聊，而这仅需要消耗少量的网络流量，可以说微信是手机通信软件里最省流量的。

从价格上看，微信使用流量，图片、语音和视频经过优化后，1MB 的流量可发送约 1 000 条的文字信息、1 000 秒的语音信息和约 1 分钟的视频信息。而微信程序在后台运行每小时大约只消耗 2.4K，这点数据少得几乎都可以忽略不计！你可以很清楚地知道自己大概花了多少流量，还可以清楚地算出花多少流量可以办多少事情。不过，很多人看到微信这个流量功能的时候，一定在捂着嘴偷笑，因为，对于他们来说，很多人的流量是买手机或者充话费时白送的。

运行流量				
项目	网络方式	iPhone/K	Android/K	塞班 /K
前台运行	net	2.4	2.4	2.4
每小时消耗	wap	无	60	60
后台运行	net	无	2.4	2.4
每小时消耗	wap	无	3~15	3~15

各类型消息流量	
消息类型	流量统计 /（$K\cdot s^{-1}$）
语音流量	0.9~1.2
文字流量	1M 可发约 1 000 条文字消息
图片流量	根据原图质量压缩至 50~200
视频流量	根据原视频质量压缩 20~30

◆国际范也可以不花钱

随着移动互联网时代的到来以及手机智能化的普及，微信已经成为日渐流行的交友方式，它拓宽了人们的交友范围，让人际关系网无限扩大。随着微信全球战略的开放，信息的传递也变得日益开放，从身边扩展到整个世界。

有一件真实的事，一个女人问微信上一个好友："你头像上的外国人是谁呀？"好友回答："是我。"女人几分猜测，几分判断后，信以为真，用英语与其聊得热火朝天。两人在微信上聊了一段时间后，女人对这个老外有了好感，便想打电话联络感情，谁知，对方开口说道："你好呀……"标准的普通话，顿时石化了这个拥有很多心思的女人："你是中国人，就别在微信里装老外……"这个女人怒气冲冲地"啪"一下挂掉电话，内心依然愤愤不平。她并不知道，那个微信的主人很无奈，耸了耸肩膀，自言自语地用英文说道："强大的微信让我学会了几句中国话，我有错吗？我就是一个如假包换的老外……难道我还要在脑门上贴个标签不成……"

历史

2011 年 1 月 21 日，腾讯推出即时通信应用软件——微信，支持发送语音短信、视频、图片和文字，可以群聊。2012 年 3 月 29 日，时隔一年多，马化腾通过腾讯微博宣布微信用户突破一亿大关，也就是新浪微博注册用户的三分之一。在腾讯 QQ 邮箱、各种户外广告和旗下产品的不断宣传和推广下，微信的用户也在逐月增加。

受众

根据 2011 年 11 月微信团队宣布的官方数据，在 5 000 万人的用户中有活跃用户 2 000 万人，而 25~30 岁的用户估计超过 50%；主要分布在一线大城市，最多的用户职业是白领（超过 24%）。iOS / Android / Symbian 平台上用户分别占 25%、25%、50%，而大部分微信用户都是从腾讯旗下各种产品过渡而来的。

腾讯合作伙伴大会在北京国家会议中心召开，腾讯公司总裁刘炽平宣布，微信团队针对海外用户开发的 WeChat 用户数已经超过 7 000 万人，并且还在快速增长中。

目前，微信的用户量约为 2 亿人，中国用户占主体，但国际化已经开始，尤其是东南亚地区，很明显，这 2 亿人的数据还在迅速扩大中。自 2012 年 8 月微信公众平台账号开通以来，微信便开始拥有资讯获取特性，比如说“腾讯新闻”，每天定时的新闻播报，呈现国内外许多要闻，让你动动手指就能了解天下事，比如新闻、财经、房地产、文化……用户接收到某些精彩信息后，还可以立刻分享到微信朋友圈，能让更多的人知晓这个消息，从而联动整个世界。而这些信息的发送、接收和传播几乎是不花钱的。你只需要动动手指头，就可以分享最新的喜悦和收获，何乐而不为呢？

微信开辟了营销新时代

微信日益普遍，用户逐日增多，因此，微信营销也成为大势所趋。微信是一种纯粹的沟通工具，它提供的是一种更值得信赖的“一对一”的沟通方式，具有良好的互动性，精准推送信息的同时更能形成一种朋友关系。基于微信的种种优势，借助微信平台开展客户服务营销也成为继微博之后的又一新兴营销渠道。

微信的用户与商家、用户与媒体甚至是用户与明星之间的对话都是私密的，不需要公布于众，这种方式是最安全、最容易验证的，也是最值得信赖的。如果有人在微信上冒充好友让你汇钱，你只需要求跟他视频一下，再听听他的声音就可以验证真伪了。

微信营销最重要的渠道是让用户添加公众账号，用户关注后，除了可以接收商家发送的信息以外，还可以咨询相关的产品信息等，而商家也可以在不影响用户体验的前提下向顾客推送信息。

微信营销最重要的是一个“信”字，信息、信任和信赖、可信是营销核心，随着网络时代的到来和新媒体的出现，企业营销的环境也发生了巨变，作为公司的老总，你不需要花一大笔钱雇用一大帮人，背着产品挨家挨户地上门推销，吃了无数闭门羹后思考新的攻略。如今，新媒体已经成了社交媒体的天下，用微信营销的方式，既方便快捷，又可以在社交媒体中让受众信赖并愿意依托于你。

微信给营销者创造了一个与用户直接对话的渠道，省钱、无距离限制、可信赖、免费的滚雪球似的宣传方式使一对一营销模式成为可能，从而开辟了一个营销的新时代。

有人会质疑，微博的渠道就挺好的，为什么相比之下微信更成为营销的新趋势？这个道理很简单。你想想，虽然微博的天然特性更适合品牌传播（作为一个自媒体平台，微博的传播广度和速度惊人），但是传播深度及互动程度不及微信。把微博试想成一个人在下面有几万人听众的场合演讲，而把微信试想成两个好友冬日下午在茶楼泡上一壶普洱茶席地而坐。哪个更有深度，哪个更有广度，就可想而知了。

微信用户行为分析

拥有 4.68 亿活跃用户的微信，早已成为国内媒体和自媒体信息传播的重点社交渠道之一。无论是普通百姓，还是行业、企业，都在关注着微信的一举一动。朋友圈、二维码、摇一摇、公众平台都成了人们热衷谈论的关键词，而行业、企业只有了解了用户的行为，才能对症下药地进行营销，用大数据分析，微信用户的行为到底有哪些呢?

◆公众号用户习惯

据“2015 年 12 月微信公众号移动端在线调查”数据显示，微信公众号用户近 8 成为活跃用户，平均每天使用 1.5 次。

访问时长中，超过半数以上的用户为深度使用用户，平均每天访问浏览 25.6 分钟。“工作间隙 / 休息时间”是用户浏览微信公众号的主要时段，占比达 77.3%；其次是“晚饭后”和“睡前”。

据此次调研数据显示，用户对于微信公众号的推荐和内容的转发率都非常高，达到 98% 以上。

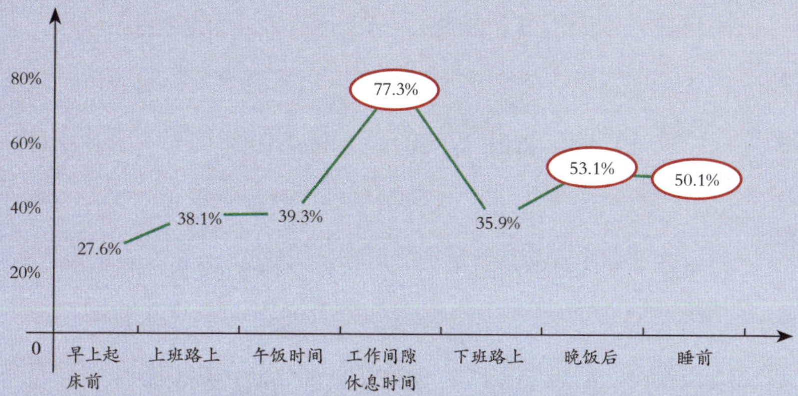

用户浏览微信公众号时段。

在推荐和转发时用户最看重“内容实用性强”，另外，“优惠信息”是否多、内容是否“观点新颖”也成为重要因素。因此，微信公众号一定要找准自身定位，优惠信息要实用，发布的内容观点要新颖。

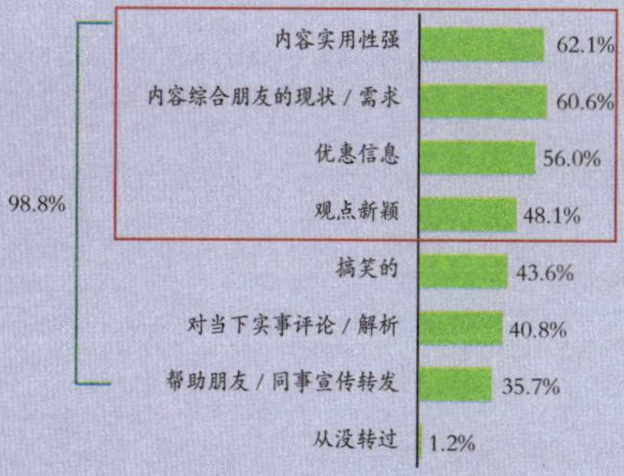

微信公众号内容转发。

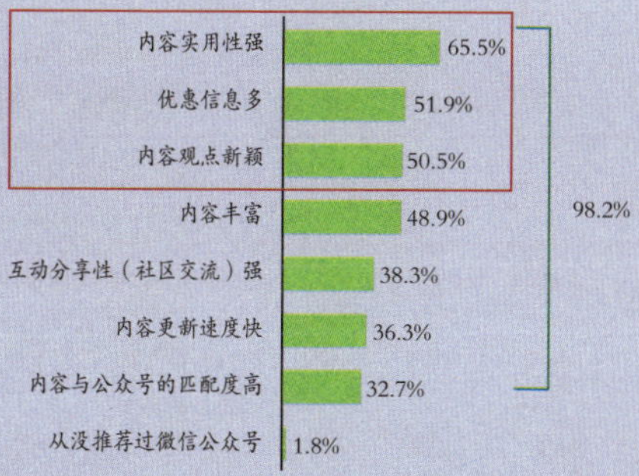

微信公众号推荐。

用户关注的微信公众号类型多样，生活、资讯、优惠信息、旅游、品牌、娱乐 6 类公众号关注度高于其他类型；与消费相关的公众号关注度高，占有 3 个席位（“优惠信息类”“旅游信息类”“品牌类”），尤其是“优惠信息类”跻身前三位。

在这些文章中，阅读量最高的内容是天气类！

天气信息的平均阅读量最高，但收藏率和分享率都不高，表明用户看完之后就结束了；历史文化和旅游类信息虽然阅读量不高，但收藏率和分享率较高，表明这些文章二次传播效果好，用户可能会多次阅读；生活服务和民生类信息阅读量很高，同时收藏率和分享率也很高，综合来看，生活服务和民生类的文章传播效果最好。

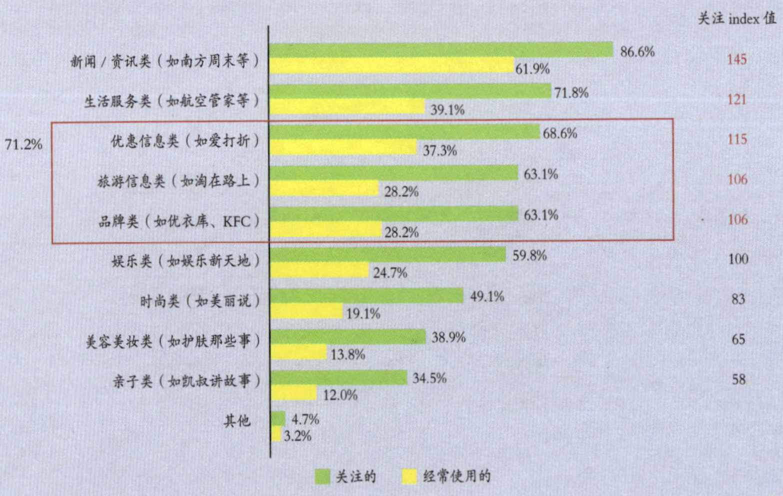

用户关注微信公众号类型。

各类微信公众号特点较为显著，“生活服务类”“品牌类”“旅游信息类”微信公众号相对“整体满意度最高”，不仅“功能全面”“匹配度高”“内容丰富”，并且“内容更新速度快”“使用方便”；亲子类、美容美妆类具有交互性强的特点；娱乐类在“内容观点新颖”方面表现最强。

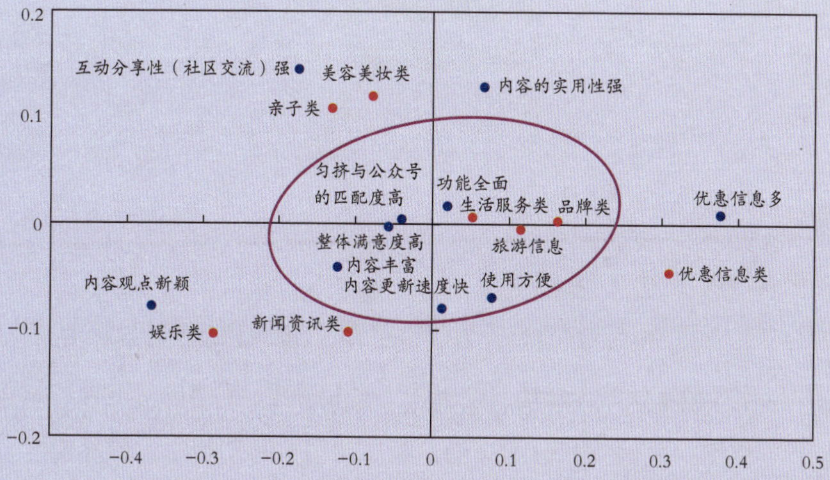

各类微信公众号特点。

97.4% 的用户取消过公众号，主要原因集中在对其内容不感兴趣，或者认为其内容不实用、没有自己的观点、专业性不够等。在内容为王的自媒体时代，“内容实用、有观点”是公众号的运营重点。

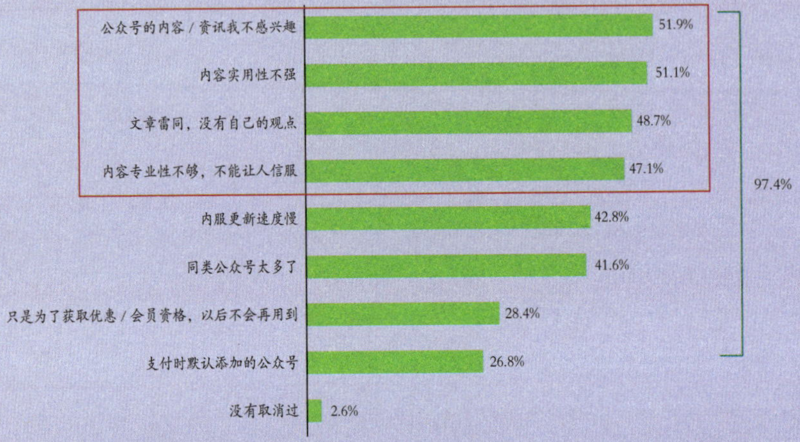

微信公众号取消关注的原因。

◆公众号用户购物画像

北上广“80后”优质男成为购物主力，月度购物总额超500元，男性偏爱酒水饮料，女性偏爱服装，收入越高，购物倾向越高。

根据本次调研的数据显示，在微信公众号用户中，男性购物倾向性更高，他们平均年龄33.7岁，73%有大学本科及以上学历，其所从事的工作使其交际面广泛，对新事物接受能力更强，47%的是企/事业单位的职员。男性用户消费量是女性的1.1倍。

公众号购物用户平均个人月收入6 200元，平均家庭月收入11 653元，从全国范围来看，属中等偏上收入；另外从TGI来看，收入越高，倾向性越高。

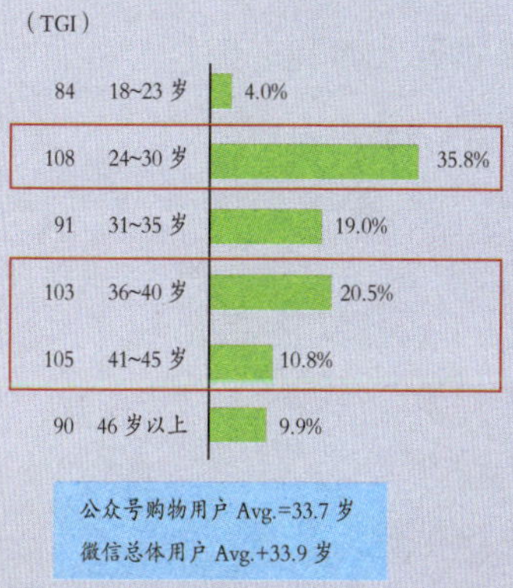

公众号购物用户年龄。

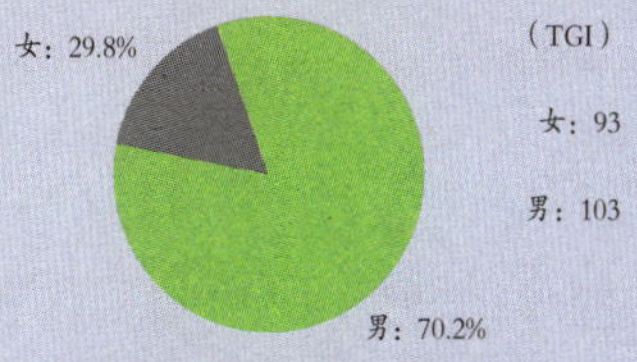

公众号购物用户性别

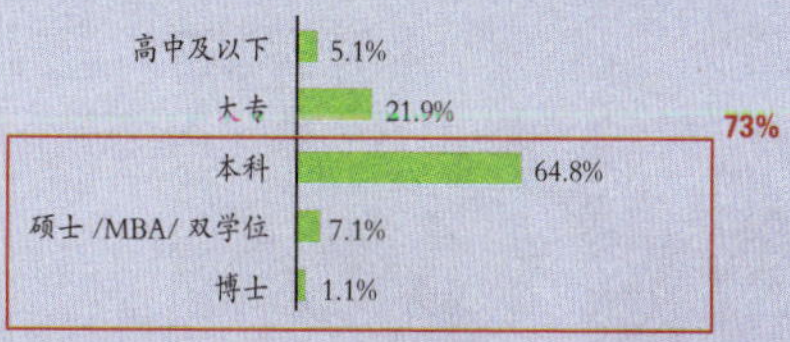

公众号购物用户学历。

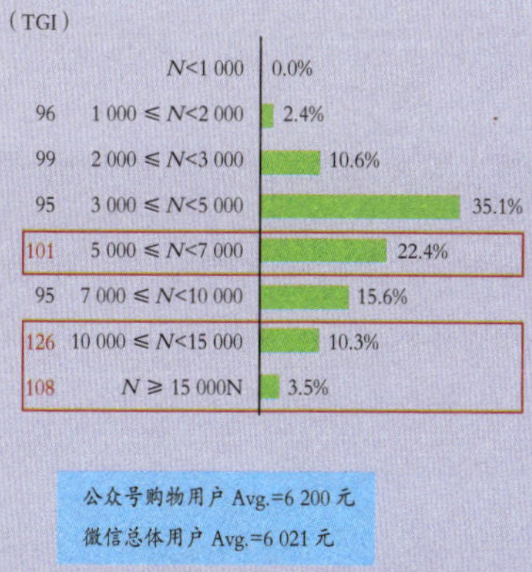

公众号购物用户个人月收入。

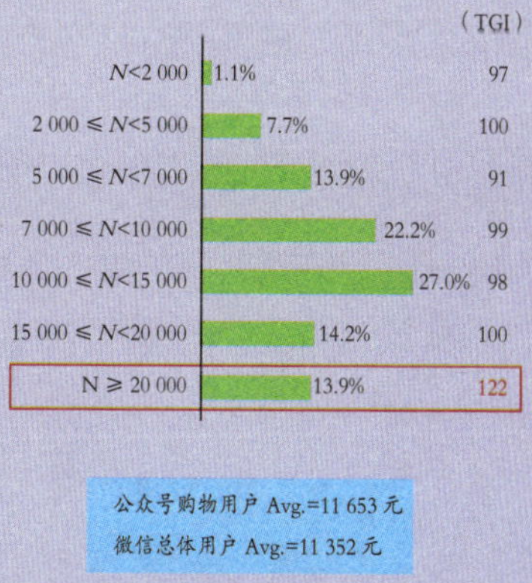

公众号购物用户家庭月收入。

在酒水饮料零食类产品的用户中，男性购买倾向性更高，平均年龄略高于总体用户，但收入和职业分布与总体用户接近；促销偏好 TOP3 为包邮、购物送礼品和满减活动。

购买服装的用户中，女性倾向性略高；而在年龄上存在两极分化的现象，“70 后”和“90 后”倾向性高；职业分布在私营业主、学生、企事业单位职员中；促销偏好积分换礼物、抵消现金、现金抵用券、送礼物的形式。

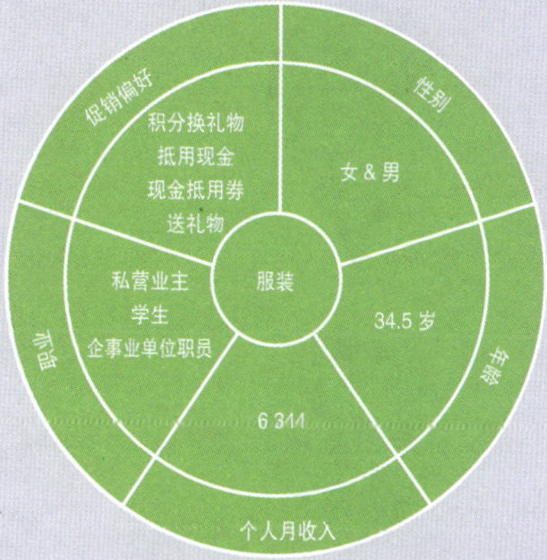

◆公众号购物习惯

超七成用户曾在公众号有购买行为，价格合理、方便便捷是其购物的主要因素。“红包 / 现金抵用券”最具吸引力。

根据腾讯发布的数据显示，2015 年 Q3 微信活跃用户达到 6.5 亿，微信公众号关注度达到 73.4%；而根据 2015 年艾瑞咨询调查显示，在微信公众号上购买过产品的用户占比接近七成，未来微信公众号购物市场空间巨大。

通过微信公众号购物，首先，价格、促销是很重要的因素；其次，公众号购物这种相对较新的购物平台也吸引了很多人“尝试购买”；最后，购买后的好口碑又拉动了新的用户购买。未在

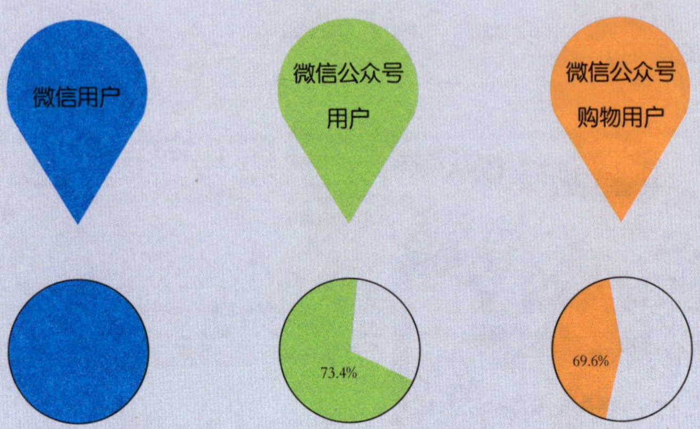

公众号购物的主要原因是信任度不够，包含“商家”和“支付”两个方面。公众号商家只有拥有良好的服务和商品品质，才能提升用户信任度，进而使公众号购物形成良性生态圈。

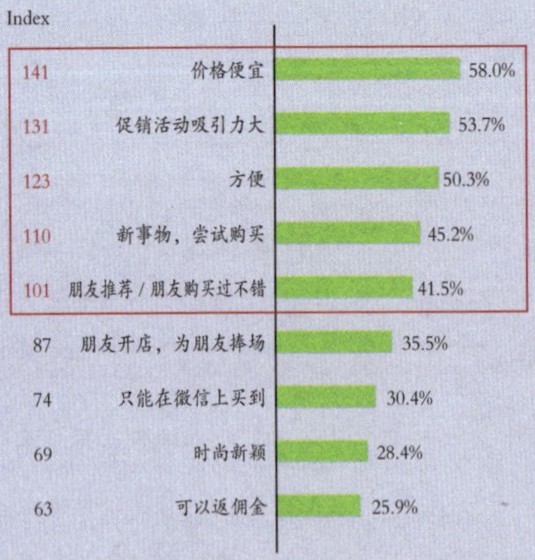

用户公众号购物因素。

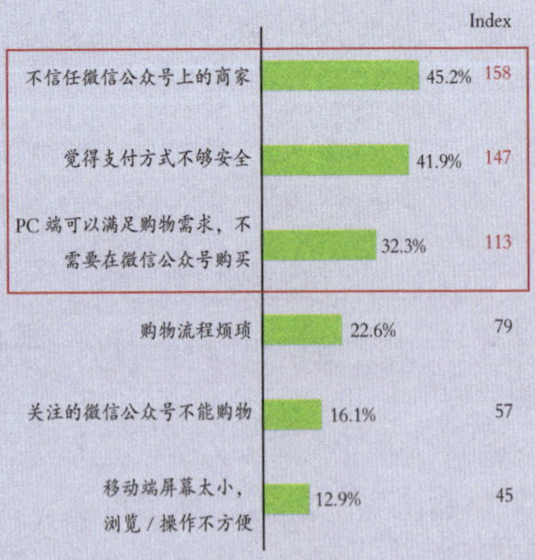

未在公众号购物的原因。

微信公众号购物覆盖的产品类型广泛，各种品类都有涉及。最常购买的是酒水饮料零食，其次是点餐 / 外卖、服装、手机数码、鞋帽、生鲜食品及护肤彩妆。

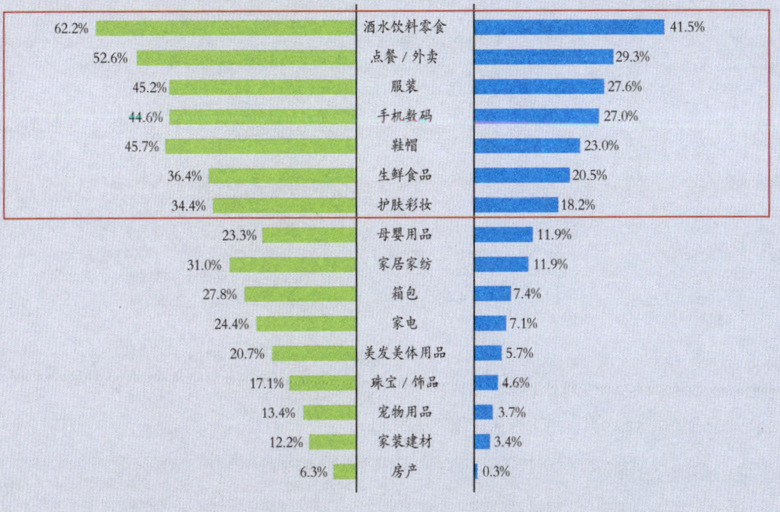

微信购物购买过的产品。　　微信购物最常购买的产品。

艾瑞咨询《2015 微信公众号用户行为研究》显示微信公众号购物主要品类中，手机数码产品平均花费最高，达到 5 369 元；其次是生鲜食品，达到 4 231 元；酒水饮料零食以 3 717 元平均花费排在第三位；点餐 / 外卖、护肤彩妆相对最低。

在各种促销推广方式中，“公众号发红包 / 现金抵用券”最具吸引力；其次为“限时特价”“包邮”“购物积分换礼物 / 抵用现金”“团购”，它们的吸引力旗鼓相当。

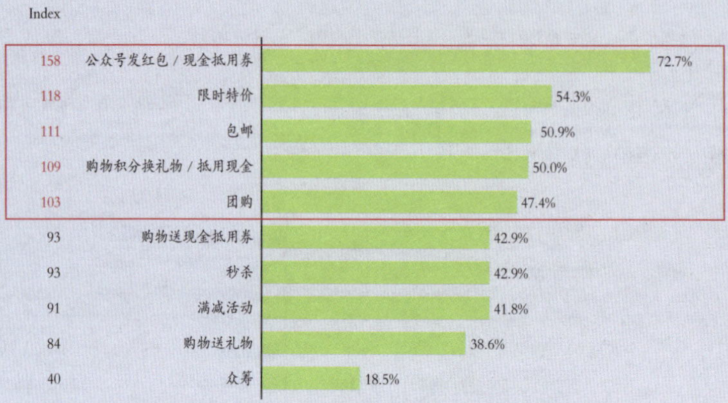

促销推广方式吸引力。

产品种类不同，促销推广吸引力强弱也有一定差异：如对于点餐 / 外卖这类刚性需求，各种促销方式都能吸引客户；而对于生鲜食品，众筹促销则最受欢迎。

Index	酒水饮料零食	点餐 / 外卖	服装	手机数码	鞋帽	生鲜食品	护肤彩妆
公众号发红包 / 现金抵用券	103	116	103	104	100	106	112
限时特价	97	108	104	97	114	108	95
包邮	100	91	100	110	121	79	117
购物积分换礼物 / 抵用现金	107	118	112	97	119	100	122
团购	98	143	98	109	91	100	99
秒杀	104	113	94	113	98	100	98
购物送现金抵用券	102	120	107	128	115	107	98
满减活动	107	118	100	108	98	96	105
购物送礼物	108	107	105	98	134	104	121
众筹	95	123	104	137	107	135	93

不同产品推广促销敏感度不同，对于点餐 / 外卖这类刚性需求来说，厂家的各种促销对用户都有很强的吸引力；而对于生鲜食品，众筹促销最受欢迎。

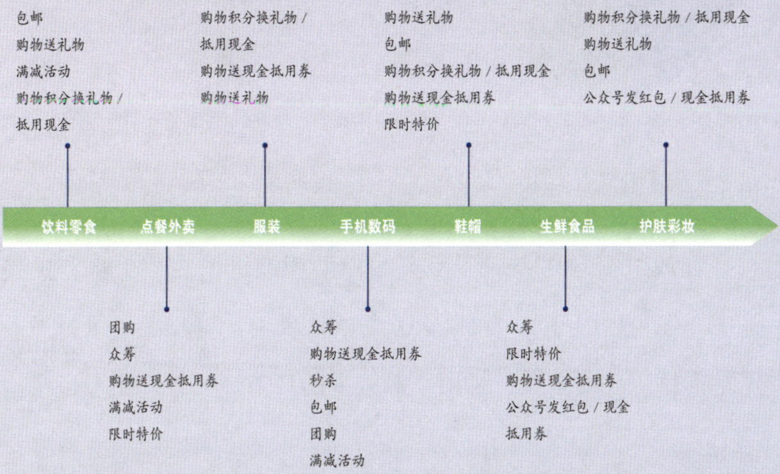

对于微信公众号购物，96.3% 的用户都比较满意，其中 43.2% 的用户认为“跟其他渠道购买的产品一样”，购物后的高满意度会带来口碑宣传和忠实用户；但公众号购物在产品服务等方面仍有提升空间，尤其是在“产品质量”“售后服务”“商品与店家描述相符程度”等方面。

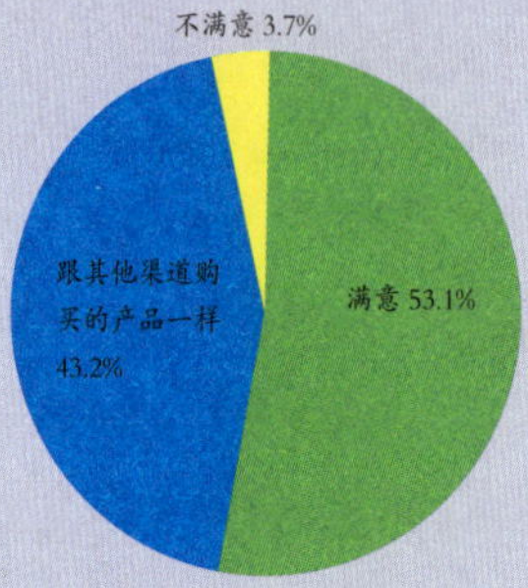

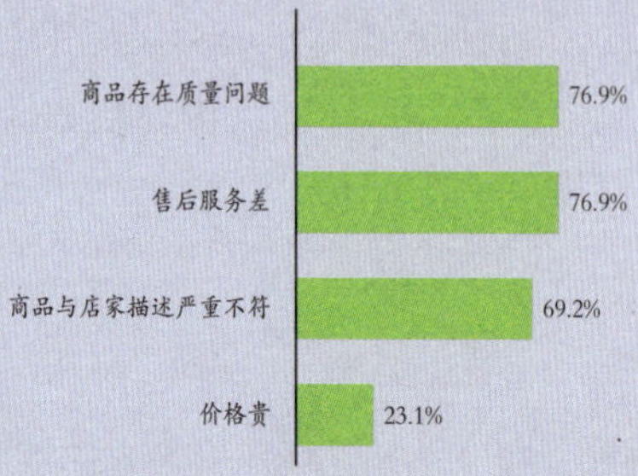

公众号购物满意度。

公众号购物不满意的原因。

在改进需求中，对于服务用户期望改进的占比更多，主要是“加强售后服务”“加强公众号客服实时沟通功能”等；另一点是支付，“安全性”是用户最重视的环节，另外，用户也希望

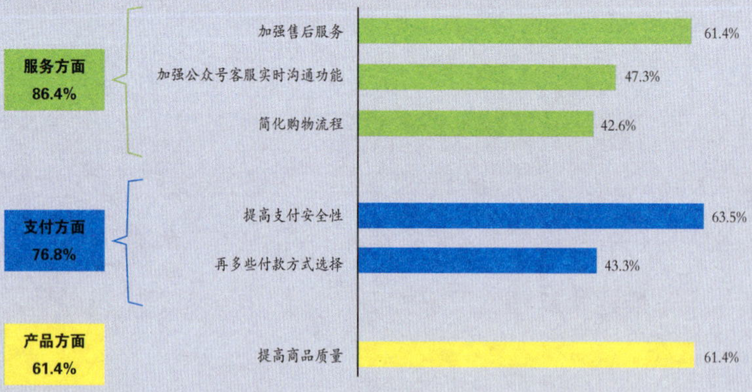

微信公众号购物改进需求。

支付方式具有多样性。

最后，《2015 微信使用习惯及购物习惯研究报告》显示微信购物花费主要集中在 5 000 元以下 (84.9%)，与购买品类集中在饮料 / 零食单价较低的产品有一定关系；未来，随着购物习惯的培养、购物种类的扩展，花费还会有进一步提升。

第2章

微信营销——企业家、创业菜鸟、草根达人的必备神器

随着微信用户越来越多，相信许多商家和营销者都希望找到最合适的方式和微信展开营销互动。在微信出现的这一年多的时间里，许多商家也都尝试着用不同的方式来利用微信为自己的产品和品牌进行宣传推广。微信营销开辟了一个新的营销时代，企业家、创业菜鸟、草根达人都争相追捧，这俨然已经成为他们手中的必备神器，对于他们来说，这更是一个制胜的法宝、一种炫耀的资本。

微信营销的步骤和技巧

微信平台是一个经营用户的平台，微信营销只有采用便捷亲和的展示方式才能让用户没有距离感。如果营销的内容给用户造成困扰，那么付出的代价可能是惨重的，错误的营销方式会造成用户群体极大的负面情绪——反感甚至抗拒相关产品的推销，并在微信中表达出相关情绪。这样一来，你的产品在用户群体中口碑一落千丈，后果不堪设想。因此微信营销一定要遵循步骤，寻找方法和技巧，不能急功近利。

◆微信营销的步骤

你错过了八年前的马云电商、三年前的微博，你是否还会错过 2013 年由微信产生的微营销。

微信营销是新媒体技术下的一种新的营销模式，是消费者之间交互营销的一种手段。微信营销是网络经济时代企业营销模式的一种创新，是伴随着微信的火热而兴起的一种网络营销方式。微信不存在距离的限制，用户注册之后，可与周围同样注册的“朋友”形成一种联系。用户订阅自己所需的信息，商家通过提供用户需要的信息，推广自己的产品，从而实现点对点的营销，针对性强、定位准、节约时间，可扩大宣传的有效力度。

微信营销主要体现在用手机或者平板电脑中的移动客户端进行的区域定位营销，商家通过微信公众平台，展示商家微官网、微会员、微推送、微支付、微活动，已经形成了一种主流的线上线下微信互动营销方式。

微信营销与微博不同，它的公众账号都是小心翼翼的，所以在营销的时候更需要精准化的定位、创意性的内容展示方式和严谨的沟通模式。

微信营销第一步：调整心态，明确目标人群

企业要做微信营销，就首先要把自己摆在“教主”的位置上，了解微信公众平台能给企业带来什么，又能给目标人群提供哪些服务。这是实现互惠互利的目的，而不是单方面的自作多情或者强制性推荐。

微信营销第二步：定位，建立公众平台

根据自己的产品确定需要发布的内容，建立公众平台，精准推送信息，为用户提供深度服务。

公众平台是一个综合性的平台，企业通过它可以完成市场

调研、产品咨询以及后期销售等一系列工作，而通过公众平台向用户发送图片、视频、音频等来展开运营工作，把线上流量导入线下，促进消费的转化是微信营销的最终目的。

账号定位很关键，是做一份内容输出，还是做一个全民产生内容的微信号，这是一个很值得思考的问题。

我们以微信公众号—— yingxiaopeixun 为例，它主要是一个分享网络营销知识的平台，所要吸引的受众就是一帮想要了解营销知识的人群，那么它一般的宣传渠道为：营销类论坛的软文、站长类的专栏、IT 类专栏以及这类人群的 QQ 群，通常一篇软文发到十几家专栏上，只要你的观点得到别人的认可，那么每天增加几十到几百个粉丝不是太难的事情。QQ 群的转化速度要慢一些，通过这些渠道做第一波粉丝的原始积累，也就是 0~500 个粉丝的积累。原始积累最辛苦，通常的新手会采取求量不求质的方法，要么互粉、要么买粉，当你习惯了这种水分很大的营销模式后，当你享受到了粉丝暴涨的虚假繁华后，你就基本上告别了单纯，告别了成就一个微信大号的机会。不是你的真实受众，互粉一万个又有什么意义呢？因此，只有对账号进行关键有效的定位，通过合理有效的手段，形成有真实需求量的粉丝群，才能使商家因为微信的有效营销而获得实实在在的利润。

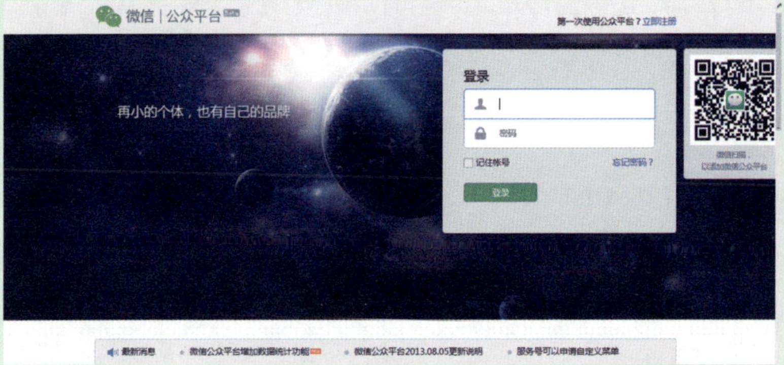

微信公众平台的功能及作用

功能： 市场调研、产品资讯、后期销售

运营模式： 推送图片、视频、音频或图文信息等

营销的最终目的： 促进消费的转化

除此之外，微信公众平台还能通过推送消息、提供服务、沟通反馈让目标人群产生信赖。而如何让新老顾客产生依赖，是微信营销中最值得研究的。

微信公众平台是腾讯公司在微信的基础上新增的功能模块，通过这一平台，个人和企业都可以打造一个微信的公众号，可以群发文字、图片、语音三个类别的内容。目前微信公众平台支持PC，移动互联网网页登录，并可以绑定私人账号进行信息群发。

微信公众平台是一个自媒体平台，它是微信系统的重要组成部分，微信整个板块包含个人微信、二维码、公众平台。

微信公众平台是腾讯公司布局电商网络的重要一步，2014年，腾讯公司将其升级为公司战略级。微信公众平台分为微信大陆版与微信海外版。

公众平台申请的条件非常宽松，以至于每个成年人都可以申请，这导致公众平台现在的持有者有将近200万人，所以公众平台的审核越来越困难了，而只有通过严格审核，才能防止广告的泛滥。

微信公众平台简介

微信公众平台于2012年8月23日正式上线，曾命名为“官号平台”和“媒体平台”，目的是创造更好的用户体验，形成一个不一样的生态循环。

当用户在你的App中看到某个精彩内容（比如一篇文章、一首歌曲）时，便想转发给好友——点击“分享给微信好友”，通过微信，好友收到信息，轻轻一点，不但可以查看详情，还可以使用你的App来查看内容（没有安装App的用户将会被提示去下载安装）。

把用户看到的精彩内容分享到微信朋友圈。

用户在你的 App 中看到的某个精彩内容（比如文章、歌曲、视频等），他想分享给微信朋友圈的好友们，点击“分享到微信朋友圈”，完成授权后，内容就可以发送到微信的服务器，好友在朋友圈中就能马上看到这个内容。

微信在 2013 年 8 月 5 日从 4.5 版本升级到了 5.0 版本，同时微信公众平台也做了大幅调整，微信公众账号被分成订阅号和服务号，运营主体如果是组织（比如企业、媒体、公益组织），那么可以申请服务号，同时运营主体如果是组织或个人，可以申请订阅号。个人不能申请服务号。

不同账号的区别

1. 服务号的功能。

公众平台服务号，是公众平台的一种账号类型，旨在为用户提供服务。如招商银行、大铭装饰、中国南方航空。

（1）1 个月（30 天）内仅可以发送 1 条群发消息。

（2）发给订阅用户（粉丝）的消息，会显示在对方的聊天列表中。

（3）服务号会在订阅用户（粉丝）的通信录中。通信录中有一个服务号的文件夹，点开可以查看所有服务号。

（4）服务号可申请自定义菜单。

2. 订阅号的功能。

公众平台订阅号，是公众平台的一种账号类型，为用户提供信息和资讯。如骑行西藏、央视新闻。

（1）每天（24 小时内）可以发送 1 条群发消息。

（2）发给订阅用户（粉丝）的消息，将会显示在对方的“订阅号”文件夹中。点击两次才可以打开。

（3）在订阅用户（粉丝）的通信录中，订阅号将被放入订阅号文件夹中。

（4）订阅号不支持申请自定义菜单。

备注：在微信 4.5 版本之前申请的订阅号可以有一次机会升级到服务号，注册新的微信公众平台账号，当你进行到第四步的时候，提醒你选择订阅号或者服务号，这个类型一旦选择，就不可以改变了，一定要确定好。如果是企业，推荐你选择服务号，因为腾讯后期对服务号会有一些高级接口开放，企业可以更好地利用公众平台服务你的客户。

发布方式

它最重要的发布和订阅方式，是在设置中找到一个特殊格式的二维码，即把品牌ID放到二维码的中部。

微信公众平台

你也可以用其他方式来订阅微信公众账号。比如，通过微信号进行订阅，在微信上直接点“添加朋友”——“按号码查找”，输入“账号（字母、数字、下画线组合且必须以字母开头）”就可以查找并关注你感兴趣的内容。但是对于开放申请的微信公众号，这样的英文数字结合组成的微信号，并不利于记忆和查找。此外，微信上面还可以通过发送名片的方式把你喜欢的微信公众账号ID发送给朋友。

消息推送

普通的公众账号，可以群发文字、图片、语音、视频等类别的内容。而认证的账号，有更高的权限，能推送更漂亮的图文信息。这类图文信息也许是单条的，也许还是一个专题。

分类订阅

在推送的打扰方面，“用户订阅增加”可能也会增加这方面的困扰。但据我所知，下一版本的推送将全部取消声音提醒，以便把私人信息和内容消息进行区分。而最重要的，恐怕还是内容和品牌的选择问题——人们会喜欢少量而精致的资讯，而且随时可以离开。

人性设置群发助手

由于公众账号不能在手持设备上登录，因此，个人公众号可以绑定一个私人微信账号，并可以在私人账号上通过公众号助手，向所有公众号的粉丝群发消息。每次发送消息的时候都会被询问“是否确认发送”，消息提交过程比一般微信号的发送过程稍慢。

自动回复

由于是一对多的点对点方式，微信公众平台后台设置了自动回复选项，用户可以添加关键词（可以添加多个关键词），以便自动处理一些常用的查询和疑问。很多人玩过小黄鸡吧？微信平台的后台智能程度还没有这么高，尚不能自行学习，不过匹配好关键字后，回复的效果还是不错的。

你可以试试和我们的官方账号互动，看看它是怎么自动回复的。不过，自动回复其实对于非明星类的小媒体或者品牌来说，不是一个特别好的选择，我们都喜欢真正交流的乐趣和温暖。

认证类型

认证的媒体，在微信的详细资料页面上面会有一些品牌的认证细节和官方链接。

数据统计

2013 年 8 月 29 日，微信公众平台数据统计功能正式上线，此公众平台的用户、数据统计功能等终于可以量化了。

数据统计功能大致分为用户分析、图文分析、消息分析三类。

用户分析：查看任意时间段内用户数的增长、取消关注和用户属性等统计。

图文分析：查看任意时间段内图文消息群发效果的统计，包括送达人数、阅读人数和转发人数等分析。

消息分析：可查看针对用户发送的消息的统计，包括消息发送人数、次数等分析。成为开发者的公众号，可以查看接口调用的相关统计。

平台认证

微信公众号主要是针对名人、政府、媒体、企业等机构推出的合作推广业务。在这里可以通过微信渠道将品牌推广给上亿的微信用户，减少宣传成本，提高品牌知名度，打造更具影响力的品牌形象。微信公众号的口号是“再小的个体，也有自己的品牌”，足以见得其对品牌推广的效力。

公众号认证

微信认证，也称微信公众号认证。需要在业内有一定知名度，且订阅用户至少需要500位，才能申请认证。一般企业和个人都难以通过，只有著名人物和公司，且符合条件者方可申请微信公众号认证。可以通过微博、网站等途径，推广自己的微信公众号的二维码，获取更多订阅用户，扩大影响力。

在2013年10月29日，微信对公众平台进行了升级，升级后的服务号可申请微信认证，提交资料审核通过后，即可获得认证标识，并同时开通高级接口权限。订阅号仍然可以申请微博认证。

最新的服务号认证是300元/每次，注意这个认证是每次收费300元，如果这次申请没有通过，300元是不退的，还得继续花钱认证（所以提醒需要认证的组织：一定要将所需要的资料和各方面信息提交正确）。如果通过，有效期是一年，第二年年审继续收费。

通过认证的微信公众平台在现有基础上增加了9种新的开发接口。通过这些接口，企业和媒体、机构的公众平台可以开发出更多的微信应用，打造更强大的微信公众平台。

公众号用途

微信公众账号的用途非常广泛，政府、媒体、企业、明星等都开始纷纷建立独立的微信公众账号平台。在上面进行个人、企业等文化活动的宣传营销。

也有个人利用公众账号平台进行自媒体活动。简单来说，就是个人进行一对多的媒体性行为活动。个人可以在设置里面绑定一个私人微信号，利用微信公众号助手群发消息，随时查看消息群发状态。

全国首个“手机纪检”平台

2013 年 11 月 21 日，“廉洁广州”微信公众平台进入试运行阶段，这标志着民众监督权力运行又多了一条便捷的新途径。据悉，这是全国首个“手机纪检”平台。

“廉洁广州”微信公众平台一期主要包括两项功能：农村党务村务财务“三公开”信息查询服务模块以及建设行政执法结果查询模块。如通过该微信公众平台，村民可以了解所在村（居）财务收支明细、村民分红明细表、低保家庭公布表、农村合作医疗情况公示等；行政相对人可实时查询执法案件处理结果并反馈评价意见。

运营要点

1. 切忌用微博的方法运营企业微信。

2. 尽量增加企业微信的粉丝。

3. 回归企业微信的本质——互动。

4. 内容推送并不能算作互动。

5. 与自身业务最大化结合。

被动添加

微信公众平台无法主动去添加好友，只能被他人添加为好友，通过认证的用户可以在微信公众平台被搜索。在微信中点击朋友们→添加朋友→扫描二维码→把需要关注的用户的二维码图案置于取景框内→添加关注的人。添加关注成为粉丝后，你所关注的用户即可通过微信公众平台发送消息，互动。

个人也可以通过搜索微信号的方法，来添加关注公众平台。但是公众账号平台不能搜索和添加任何人。

实名认证

微信 4.5 新版本 2013 年 2 月 6 日登录 Appstore，与多种新功能同时来到的，还有微信公众平台全面开启微信实名认证、粉丝超过 500 的公众账号，企业、个人均按负责人身份认证。因为微信实名认证过程较为复杂，很多公共账号至今都无法正常登录并及时更新。

认证时，需要填写公众账号持有人的身份证号码、手机号、单位名称、职务和住址等信息，并上传身份证照片，进行严格审核，以加大账号的可信任度。

此外，微信公众平台还进行了如下调整：

1. 增加高级功能选项，用户可以在编辑模式和开发模式中选择一个使用。

2. 设置选项里只保留账号信息、公众号手机助手两项，被添加消息自动回复、自定义规则回复两个重要功能选项被删除。

服务协议

1. 首部及导言。

欢迎你使用微信公众平台!

为使用微信公众平台服务，你应当阅读并遵守《微信公众平台服务协议》(以下简称《本协议》)、《腾讯服务协议》、《QQ号码规则》、《腾讯微信软件许可及服务协议》以及专项规则等。请你务必审慎阅读、充分理解各条款内容，特别是免除或限制责任的相应条款，以及开通或使用某项服务的单独协议，并选择“接受”或“不接受”。

除非你已阅读并接受本协议所有条款，否则你无权使用微信公众平台服务（以下简称“本服务”）。你对本服务的登录、查看、发布信息等行为即视为你已阅读并同意本协议的约束。

如果你未满 18 周岁，请在法定监护人的陪同下阅读本协议，并特别注意未成年人使用条款。

2. 范围。

（1）本协议是你与腾讯之间关于你使用微信公众平台服务所订立的协议。“腾讯”是指腾讯公司及其相关服务可能存在的运营关联单位。“用户”是指注册、登录、使用微信公众账号的个人或组织，在本协议中更多地称为“你”。“其他用户”是指包括订阅用户、其他微信公众账号用户和微信用户等除用户本人外与微信公众平台服务相关的用户。

（2）本服务是腾讯微信针对个人或企业用户推出的合作推广业务，用户注册微信公众账号后可以通过微信公众平台进行品牌推广。微信用户关注微信公众账号后将成为该账号订阅用户，微信公众账号可以通过微信公众平台发送消息与订阅用户进行互动。

（3）本协议内容同时包括《腾讯服务协议》《QQ 号码规则》《腾讯微信软件许可及服务协议》，且你在使用微信公众平台某一特定服务时，该服务可能会另有专项的服务声明、相关业务规则及公告指引等（以下统称为“专项规则”）。上述内容一经正式发布，即为本协议不可分割的组成部分，你同样应当遵守。你对前述任何专项规则的接受，即视为你对本协议全部的接受。

账号注册与认证

1. 你在使用本服务前需要注册一个微信公众账号。微信公众账号可通过 QQ 号码或电子邮箱账号进行绑定注册，请你使用未与微信账号已绑定的 QQ 号码或电子邮箱账号注册微信公众账号。腾讯有权根据用户需求或产品需要对账号注册和绑定的方式进行变更，关于你使用账号的具体规则，请遵守《QQ 号码规则》、相关账号使用协议以及腾讯为此发布的专项规则。

2. 用户符合一定条件后，可以对微信公众账号申请微信认证。认证账号资料信息来源于微博认证等渠道，微信公众平台不再对认证账号信息进行独立审查，认证流程由认证系统自动验证完成。用户应当对所认证账号资料的真实性、合法性、准确性和有效性独立承担责任，与微信公众平台无关。如因此给腾讯或第三方造成损害的，应当依法予以赔偿。

用户个人信息保护

1. 你在申请本服务过程中，需要填写一些必要的信息，请保持这些信息的真实、准确、合法、有效并注意及时更新，以便腾讯向你提供及时有效的帮助，或更好地为你提供服务。根据相关法律法规和政策，请你填写真实的身份信息。若你填写的信息不完整或不准确，则可能无法使用本服务，或在使用过程中受到限制。

2. 腾讯与用户一同致力于个人信息的保护，保护用户个人信息是腾讯的一项基本原则。未经你的同意，腾讯不会向腾讯以外的任何公司、组织或个人披露你的个人信息，但法律法规另有规定的除外。

3. 你应对通过本服务了解、接收或可接触到的包括但不限于其他用户在内的任何人的个人信息予以充分尊重，你不应以搜集、复制、存储、传播或以其他任何方式使用其他用户的个人信息，否则，由此产生的后果由你自行承担。

内容规范

1. 本条所述平台内容是指用户使用本服务过程中所制作、复制、发布、传播的任何内容，包括但不限于微信公众账号头像、名称、用户说明等注册信息及认证资料，或文字、语音、图片、视频、图文等发送、回复或自动回复消息和相关链接页面，以及其他使用微信公众账号或微信公众平台服务所产生的内容。

2. 你不得利用微信公众账号或微信公众平台服务制作、复制、发布、传播如下法律、法规和政策禁止的内容：

（1）反对宪法所确定的基本原则的。

（2）危害国家安全、泄露国家秘密、颠覆国家政权、破坏国家统一的。

（3）损害国家荣誉和利益的。

（4）煽动民族仇恨、民族歧视，破坏民族团结的。

（5）破坏国家宗教政策，宣扬邪教和封建迷信的。

（6）散布谣言、扰乱社会秩序、破坏社会稳定的。

（7）散布淫秽、色情、赌博、暴力、凶杀、恐怖或者教唆犯罪的。

（8）侮辱或者诽谤他人，侵害他人合法权益的。

（9）含有法律、法规和政策禁止的其他内容的信息。

3. 你理解并同意，微信公众平台一直致力于为用户提供文明健康、规范有序的网络环境，你不得利用微信公众账号或微信公众平台服务制作、复制、发布、传播如下干扰微信公众平台正常运营，以及侵犯其他用户或第三方合法权益的内容：

（1）含有任何性或性暗示的。

（2）骚扰、垃圾广告或信息的。

（3）涉及他人隐私、个人信息或资料的。

（4）含有其他干扰微信公众平台正常运营和侵犯其他用户或第三方合法权益内容的信息。

使用规则

1. 本条所述平台使用是指用户使用本服务所进行的任何行为，包括但不限于注册登录、申请认证、账号运营推广以及其他使用微信公众账号或微信公众平台服务所进行的行为。

2. 你不得利用微信公众账号或微信公众平台服务进行如下行为：

（1）提交、发布虚假信息，或冒充、利用他人名义的。

（2）强制、诱导其他用户关注、点击链接页面或分享信息的。

（3）虚构事实、隐瞒真相以误导、欺骗他人的。

（4）侵害他人名誉权、肖像权、知识产权、商业秘密等合法权利的。

（5）申请微信认证资料与注册信息内容不一致的，或者推广内容与注册信息所公示身份无关的。

（6）未经腾讯书面许可利用其他微信公众账号、微信账号和任何功能，以及第三方运营平台进行推广或互相推广的。

（7）未经腾讯书面许可使用插件、外挂或其他第三方工具、服务接入本服务和相关系统的。

（8）利用微信公众账号或微信公众平台服务从事任何违法犯罪活动的。

（9）制作、发布与以上行为相关的方法、工具，或对此类方法、工具进行运营或传播，无论这些行为是否为商业目的。

（10）其他违反法律法规规定、侵犯其他用户合法权益、干扰产品正常运营或腾讯未明示授权的行为。

账号管理

1. 微信公众账号的所有权归腾讯公司所有，用户完成申请注册手续后，获得微信公众账号的使用权，该使用权仅属于初始申请注册人，禁止赠予、借用、租用、转让或售卖。腾讯公司因经营需要，有权回收用户的微信公众账号。

2. 用户有责任妥善保管注册账户信息及账户密码的安全，用户需要对注册账户以及密码下的行为承担法律责任。用户同意在任何情况下不向他人透露账户或密码信息。你在怀疑他人在使用自己的账户或密码时，应立即通知腾讯公司。

3. 用户应遵守本协议的各项条款，正确、适当地使用本服务，如用户违反本协议中的任何条款，腾讯公司有权依据本协议终止对违约用户微信公众账号提供服务。同时，腾讯保留在任何时候收回微信公众账号、用户名的权利。

4. 用户在注册微信公众账号时，系统将为你自动匹配微信号，你可以对微信号进行设置，但仅可设置一次，设置微信号后将无法修改。

5. 用户注册微信公众账号后，如果长期不登录该账号，腾讯有权回收该账号，以免造成资源浪费，由此带来的问题均由用户自行承担。

数据的储存

1. 腾讯不对你在本服务中相关数据的删除或储存失败负责。

2. 腾讯有权根据实际情况自行决定单个用户在本服务中数据的最长储存期限，并在服务器上为其分配数据最大的存储空间等。你可根据自己的需要自行备份本服务中的相关数据。

3. 如果你停止使用本服务或服务被终止或取消，腾讯可以从服务器上永久地删除你的数据。服务停止、终止或取消后，腾讯没有义务向你返还任何数据。

风险及免责

1. 你理解并同意微信公众平台仅是为用户提供信息分享、

传播及获取的平台，用户必须为自己注册账户下的一切行为负责，包括你所发表内容的真实性、合法性、准确性、有效性，以及承担因平台使用行为产生的结果。用户应对微信公众平台中的内容自行加以判断，并承担因使用内容而引起的所有风险，包括因对内容真实性、合法性、准确性、有效性的依赖而产生的风险。腾讯无法且不会对因用户行为而导致的损失或损害承担责任。

如果你发现任何人违反本协议规定或以其他不当的方式使用微信公众平台服务，请立即向微信公众平台举报或投诉，我们将依法进行处理。

2. 你理解并同意因业务发展需要，腾讯保留单方面对本服务的全部或部分服务内容在任何时候不经任何通知的情况下变更、暂停、限制、终止或撤销的权力，用户需承担此风险。

知识产权声明

1. 腾讯在本服务中提供的内容（包括但不限于网页、文字、图片、音频、视频、图表等）的知识产权归腾讯所有，用户在使用本服务中所产生的内容的知识产权归用户或相关权利人所有。

2. 除另有特别声明外，腾讯提供本服务时所依托软件的著作权、专利权及其他知识产权均归腾讯所有。

3. 腾讯在本服务中所使用的“QQ”“腾讯”“TENCENT”及企鹅形象等商业标识，其著作权或商标权归腾讯所有。

4. 上述及其他任何本服务包含的内容的知识产权均受到法律保护，未经腾讯、用户或相关权利人书面许可，任何人不得以任何形式进行使用或创造相关衍生作品。

法律责任

1. 如果腾讯发现或收到他人举报或投诉用户违反本协议约定的，腾讯有权不经通知随时对相关内容进行删除，并视行为情节对违规账号处以包括但不限于警告、删除部分或全部订阅用户、限制或禁止使用全部或部分功能、账号封禁直至注销的处罚，并公告处理结果。微信认证账号除上述处罚措施外，腾讯有权取消其账号认证身份，并视情节决定临时或永久封禁相关账号认证资质。

2. 理解并同意，腾讯有权依合理判断对违反有关法律法规或本协议规定的行为进行处罚，对违法违规的任何人士采取适当的法律行动，依据法律法规保存有关信息，并向有关部门报告等，用户应独自承担由此而产生的一切法律责任。

3. 理解并同意，因你违反本协议或相关的服务条款的规定，导致或产生的第三方主张的任何索赔、要求或损失，包括合理的律师费，你应当赔偿腾讯与合作公司、关联公司，并使之免受损害。

生效与变更

1. 你使用本服务即视为你已阅读并同意受本协议的约束。

2. 腾讯有权在必要时修改本协议条款。你可以在相关服务页面查阅最新版本的协议条款。

3. 本协议条款变更后，如果你继续使用微信公众平台服务，即视为你已接受修改后的协议。如果你不接受修改后的协议，应当停止使用微信公众平台服务。

其他

1. 本协议内容同时包括《腾讯服务协议》《QQ号码规则》《腾讯微信软件许可及服务协议》以及专项规则等，上述内容与本协议存在冲突的，以本协议为准。

2. 本协议签订地为中华人民共和国广东省深圳市南山区。

3. 本协议的成立、生效、履行、解释及纠纷解决，适用于中华人民共和国大陆地区法律（不包括冲突法）。

4. 你和腾讯之间发生任何纠纷或争议，首先应友好协商解决；协商不成的，你同意将纠纷或争议提交本协议签订地有管辖权的人民法院。

5. 协议所有条款的标题仅为阅读方便，本身并无实际含义，不能作为本协议含义解释的依据。

6. 协议条款无论因何种原因部分无效或不可执行时，其余条款仍有效，对双方具有约束力。

平台更新

2013年10月29日微信公众平台更新内容：

1. 全新的认证体系，支持服务号进行新的微信认证。

2. 开放高级接口，新的微信认证完成后，可获得高级接口。

服务号微信认证后，可立即获得包括客服接口、网页授权等更多接口能力。

3. 新增开发者问答系统，给开发者提供一个互动交流平台。

公众平台开发者问答系统主要用于开发者之间的交流互助，开发者问答系统可以从高级功能的开发模式页进入。

4. 公众平台界面进行了改版，以提供更加易用的体验。

公众平台导航栏改为竖向，各类细节总共调整了381个项目，以提供更加易用的细节。

微信公众平台返回码说明			
-1	系统繁忙	0	请求成功
40001	验证失败	40002	不合法的凭证类型
40003	不合法的 Open ID	40004	不合法的媒体文件类型

续表

微信公众平台返回码说明	
40005　不合法的文件类型	40006　不合法的文件大小
40007　不合法的媒体文件 ID	40008　不合法的消息类型
40009　不合法的图片文件大小	40010　不合法的语音文件大小
40011　不合法的视频文件大小	40012　不合法的缩略图文件大小
40013　不合法的 App ID	40014　不合法的 access_token
40015　不合法的菜单类型	40016　不合法的按钮个数
40017　不合法的按钮个数	40018　不合法的按钮名字长度
40019　不合法的按钮 KEY 长度	40020　不合法的按钮 URL 长度
40021　不合法的菜单版本号	40022　不合法的子菜单级数
40023　不合法的子菜单按钮个数	40024　不合法的子菜单按钮类型
40025　不合法的子菜单按钮名字长度	40026　不合法的子菜单按钮 KEY 长度
40027　不合法的子菜单按钮 URL 长度	40028　不合法的自定义菜单使用用户
41001　缺少 access_token 参数	41002　缺少 App ID 参数
41003　缺少 refresh_token 参数	41004　缺少 secret 参数

续表

微信公众平台返回码说明	
41005　缺少多媒体文件数据	41006 缺少 media_id 参数
41007　缺少子菜单数据	42001　access_token 超时
43001　需要 GET 请求	43002　需要 POST 请求
43003　需要 HTTPS 请求	44001　多媒体文件为空
44002　POST 的数据包为空	44003　图文消息内容为空
45001　多媒体文件大小超过限制	45002　消息内容超过限制
45003　标题字段超过限制	45004　描述字段超过限制
45005　链接字段超过限制	45006　图片链接字段超过限制
45007　语音播放时间超过限制	45008　图文消息超过限制
45009　接口调用超过限制	45010　创建菜单个数超过限制
46001　不存在媒体数据	46002　不存在的菜单版本
46003　不存在的菜单数据	47001　解析 JSON/XML 内容错误

微信营销第三步：确立营销的重点

这里所说的重点指的是企业在进行微信营销的时候需要通过公众平台为用户提供哪些功能，向用户展示哪些内容。比如在功能方面，某些学校的公众平台可提供翻译功能，旅游网站的公众平台可提供机票预订的功能等。

在内容方面，提供给粉丝所需要的任何有关的内容，比如用户发出要查看商品信息的指令，那么就可以查看所有企业商品的详细信息。这些功能和内容都是企业在进行微信营销之初所要考虑的。

比如有些企业的微信公众账号每天向所有新老顾客推送一条播报的天气预报和最新资讯评论，比如一些培训学校的微信公众账号有翻译功能，比如一些制造业的微信公众账号有股票查询功能，比如一些美容院的账号有星座运势和皮肤指数查询功能。

上面这些都是一些小功能，而招商银行可以查余额，星巴克可以“自然醒”等,这些都是针对自己的个性特征所定制的功能。

以上讲的是功能，而内容方面就更加好说了，粉丝想看什么内容，就给他们什么内容，输入什么命令，就给予相应的内容。比如：粉丝输入“你好”，就可以看到企业的介绍；输入“联系方式”，就可以查看企业的联系方式和地址；输入企业的一些部门，就可以查看相关部门的介绍，还有获奖、资质等命令，以及对应的内容页面。

这些功能和内容的重点是，我们的目标人群需要什么，怎么能让他们依赖企业。

微信营销第四步：把老客户变成新粉丝

老客户是企业的重要资源之一，维护好老客户要比开发一个新客户节省不少的人力和物力。而微信公众平台则是维持老客户忠诚度的法宝。企业经过前期的许多调查和维护，对老客户有很深的了解，因此，通过各种手段把老顾客吸引为新的微信公众平台的粉丝，根据他们的喜好和需求设定消息，提供最精准的服务。除此之外，如果顾客体验维护得好，那么老客户也可以对公众账号进行推荐，这种推荐方式具有极高的转化率，能够带来更多的新客户，而且这是一部分精准人群。

举个例子：

如果想在短短的一天时间内，迅速增加上千个精准粉丝，并不是不能办到的，有想法就要实施，要靠技巧、靠行动和执行力。

一、反常思维

很多企业开展网络营销的时候，总抱着“试试看”的态度，比如微信营销，先安排几个人小打小闹地测试一下，第一天加20个粉丝，第二天加30个粉丝，它们会为这每天的一点点进步而沾沾自喜，而如此操作最终往往导致始乱终弃，它们很快就会因为见效缓慢而放弃了！

微信营销应该提升到公司的核心战略层面，而不仅仅只是辅助营销战术！好的开始是成功的一半，因此从一开始可以高举高打，全力以赴！为了激发团队的潜能和斗志，领导层可以定下第 1 天势必突破 1 000 个精准粉丝的“不可能”目标！

二、兵团式作战

目标决定策略，要迅速爆破及获得大成果，必须采用“全员营销”的思想！要发动公司的所有员工，利用可以利用的一切资源。首先由公司最高领导层亲自挂帅督战，组建由网销部、渠道部、客服部全体成员组成的几十人的微信营销战队。通过几小时集训，迅速统一团队的整体营销目标、推广流程、推广文案。例如，在课堂现场，在周边宣传印有公司资讯的官方微信，大家扫一扫可获得最新资讯。

一个人的力量肯定有限，要是把所有的人都抱成一团，那么这样的粉丝数增加就不是难事。

有实战证明，没有完美的个人，只有完美的团队！只要把这些看似很难完成的任务都分配到每一个人身上，再强有力地去执行即可。这样一来，在短短 24 小时的团队作战中，公司员工相互交流经验，不断督促鼓励，形成超高效的团队协作氛围，粉丝数量在一天突破1 000人并不是问题。

三、个性化沟通

培训时我们采用头脑风暴的方式，每人编写1条宣传短信，然后选出最好的2条让大家统一发送。我们发现，群发给1 000人，只有100人会响应。为什么转化率会这么低呢？

后来我们发现，告诉客户关注微信，也不一定有很好的效果。为什么转化率会这么低？其实微信用户群和微博的用户群有很大的差别，早在微博风靡的时刻，很多人只是注重粉丝数，于是不断地互粉、买粉，这样的做法对于微信来说行不通，因为这样的粉丝毫无价值。微信通常是用来和熟人朋友一对一私密交流的，如果我们群发的信息别人一看就是广告，就会让人抗拒！

因此我们立即调整，对于每个推广对象，我们都会花一两分钟时间做朋友式的对话沟通，先日常寒暄，然后再提出邀请，请大家关注我们新开的公众账号。结果令人惊喜：时间只多花了1分钟，但转化率却轻松提升了300%！

通过实战，我们总结出微信营销的一个重大关键：“宁可花1分钟用心沟通，也不要用1秒钟群发广告。”人际沟通是相互的，如果你只用1秒钟来关注某个客户，那么他也只会用1秒钟来关注你，这种沟通模式是非常低效的！因此，在其他人热衷于群发广告的时候，采用差异化营销思维，多花点时间和客户进行个性化沟通，反而显得有人情味，取得超乎想象的效果！

四、系统化营销

大部分微信营销专家，将营销重心只聚焦在微信本身，将微信的效用神化，就像当年神化微博一样！

而我们给出的观点是，营销是一个整体系统，而不是单一战术，微信并非万能的，要做好微信营销，还得“功夫在诗外”，必须有系统化营销的思维格局！

因此，策划微信推广的方法，综合运用各种推广技术，构建全方位推广系统势在必行。

微信营销第五步：推广起来要全面

微信公众账号想要为更多的人熟知，就要进行全面的推广。

微信营销不是单一的推广工具，而是一个综合性极强的营销利器，企业在对自己的微信公众账号推广的时候，要做到全面推广，要针对自己的目标人群进行推广！

比如二维码，要在所有能展示的地方进行展示，在所有能推荐的地方进行推荐。推广得越是全面，吸引的粉丝就会越多，后期的工作就会越方便，而微信营销的效果也会越明显。

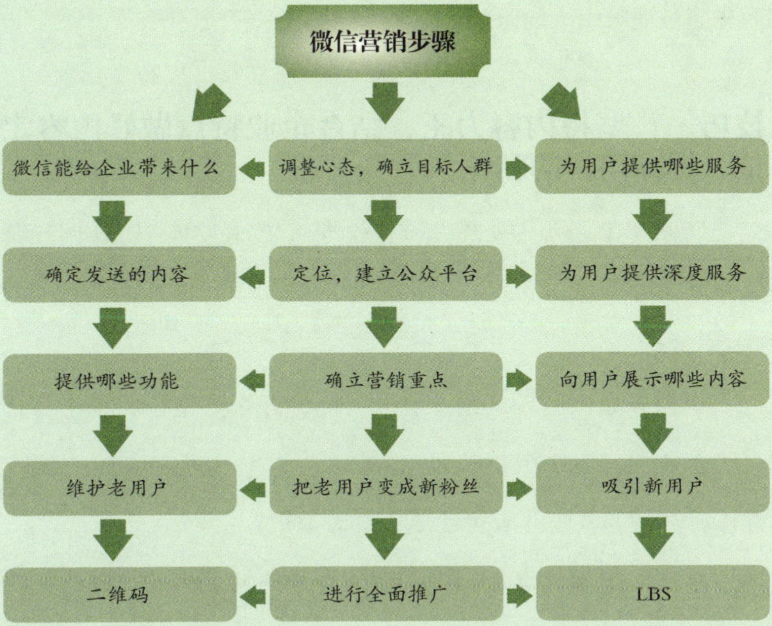

◆微信营销的技巧

微信营销带来了移动互联网时代的营销革命，它凭借广阔的发展空间、强互动性的信息交流以及方便实用的顾客体验让营销者品尝到了甜头。有了微信的助力，很多企业的业绩都会在短时间内快速翻番。微信营销的传播率高，影响力大，传播面广，传播时间快……它所传送的信息和发送的短信一样，可以直接到达手机上，让用户百分之百地看到这些信息。因此，企业在进行微信营销的时候，切记不可盲目，要遵循技巧，为用户提供价值，而非简单地吸引人的眼球。

技巧一：坚持内容为王，结合企业特点做好内容定位，提高用户的黏性

任何竞争，如果要赢，就一定要避免强大的对手在同一领域做同一样的事。在没有绝对优势的情况下，特点就是最大的筹码。

企业开始微营销之前，首先，应做好企业定位，一个有特点的企业才具有吸引精准客户群体的特质，进而针对这个客户群体所进行的营销才有可能成为有效营销。

其次，内容的定位应该既能从企业的特点出发，同时又能从用户的角度去考虑——因为微信不是为企业服务的，而是为用户服务的，这一点很重要。用户只有从你的微信获得想要的东西，才会更加忠实于你，而你的营销也才会在潜移默化中得以实现。

因此，向用户推荐有价值的内容，让每一次推送都能够被欣然接受，这就是我们所说的“内容为王”。

为此，我们设立一个模型，暂且称它为“1+*A*”模型吧。“1”即最能体现账号核心价值（也可以称之为企业特色）的内容，“*A*”则代表了用户喜好。我们之所以用“*A*”来表示，就是希望强调，

这一部分内容永远不可或缺。做到“1”与“A”的完美结合，是微信营销的精髓所在。

技巧二：内容推送要科学，避免狂轰滥炸

无论微信与微博，用户订阅的优势在于自由取舍。目前很多微信推送都采取每日一次的频次，而大多数用户都不可能实现对一个订阅号每日一读。因此还需要重视推送频率等。

第一，推送的时间要固定：时间固定了，粉丝才会形成阅读习惯。目前，许多公众账号都会从下午开始，在晚上八点之前发送信息，而且目前微信已经取消了发送信息时的提示音，用户闲暇时间就可以去看，而不是只要被提示就要去看，这样就不会让其有逆反心理。

第二，关于推送频率：建议一周不要超过四次，每日一推首先很难保证内容的精确策划，而低质量的内容高频次地出现在用户那里，很有可能使用户取消对你的关注；当然，内容太少了，用户也会觉得无趣，因此，把握好度很重要。

第三，关于推送形式：建议推送形式多样化。微信内容不一定都是图文专题式才好看，也可以选择一些短小精彩的纯文本形式与图文专题进行穿插。关键在于短文的内容能够引发读者的思考或者共鸣，形成良好的互动效果。这样既能实现与用

户的互动，也能更了解用户，实现更好的内容策划。

技巧三：沟通是灵魂

微信是一个沟通的平台，互动是必不可少的。微信公众账号要适时地进行人工互动，而不是简单的自动回复。有很多人都会主动去找其关注的公众账号进行互动，如果几次下来都收不到回复的话，一般就会取消关注。因此，沟通是微信营销的灵魂。

技巧四：建立丰富易查的关键词回复系统

微信消息太多，有些内容就会被覆盖掉，因此有一个丰富易查的关键词回复系统是非常重要的。这一功能可以方便用户查找到他所需要的信息，增强互动性。

技巧五：线上线下相结合

线上线下活动相结合可以培养粉丝的忠诚度，同时也可以让这些公众平台更接地气，真实而富有亲和力。

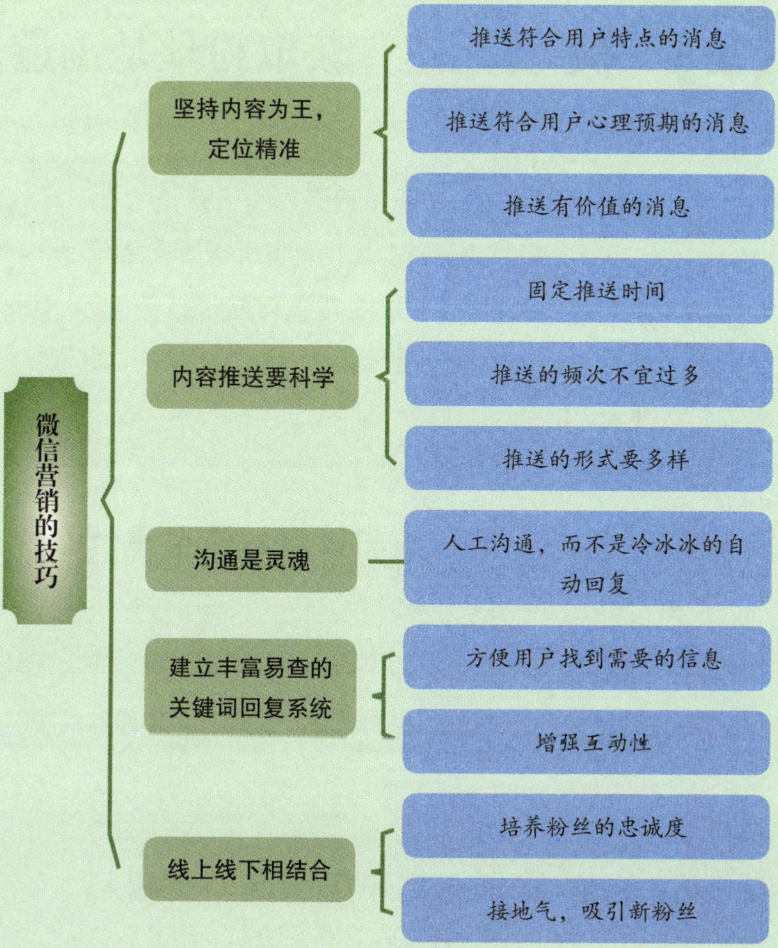
微信营销的技巧
坚持内容为王，定位精准
推送符合用户特点的消息
推送符合用户心理预期的消息
推送有价值的消息
内容推送要科学
固定推送时间
推送的频次不宜过多
推送的形式要多样
沟通是灵魂
人工沟通，而不是冷冰冰的自动回复
建立丰富易查的关键词回复系统
方便用户找到需要的信息
增强互动性
线上线下相结合
培养粉丝的忠诚度
接地气，吸引新粉丝

“微”力无边，获取粉丝是王道

微信可以称得上是中国最严谨的实名认证的社交平台，它限定于手机号码绑定。而一对多发送的信息，几乎可以 100% 被接收到。1 000 个微信粉丝相当于 10 000 个微博粉丝，这一点毫不夸张，因此，微信营销，粉丝才是威力无边的。

◆获取粉丝并保持粉丝忠诚度的法宝是什么

微信营销不同于广布式的微博营销，它是一种投递式的，只有真实的粉丝才能产生真实的反馈，因此，通过各种途径获取粉丝并保持粉丝的忠诚度就显得很重要了，那么获取粉丝的法宝究竟是什么呢？

法宝一：微信域名要做到好看、好记、好输入

在微信营销中，账号域名是非常重要的，域名好记有利于粉丝和目标人群的搜索和记忆。企业在设置域名的时候最好要做到以下几点：有利于记忆；方便粉丝进行输入；域名不要太长；避免用一些如“—”之类的字符，虽然看起来比较好看，但是非

常不便于记忆，更加重要的是不便于粉丝和目标人群输入和搜索！所以给自己的微信公众平台取名的时候一定要从目标人群输入的环节出发，也就是说企业的微信公众账号域名不仅要好记、好看，更要好输入，才便于传播。

域名要有特色，让人过目不忘最好，这样可以达到很好的记忆和推广效果。

取名的时候一定要做到：便于记忆；便于目标人群输入；不一定越短越好，但是要尽量短；尽量不要用各种符号。

法宝二：以微博带动微信，二维码一定要好看

二维码是企业进行微信营销的重要环节，尤其是在进行线下推广的时候。很多企业最初都是利用官方微博，在微博头像中增加二维码推广，并发布相关微信推广的信息，把微博的粉丝吸引过来关注微信。

要注意的是，企业在生成二维码的时候，要力求做到自己的二维码好看，最好能突出个性，要能诱惑粉丝拿出手机去扫一扫，同时把企业名称、主打产品的名称、企业 Logo 等信息在二维码上体现出来，这样对于传播有积极的帮助。

法宝三：名人微信、媒体公众账号推荐

企业微信营销应当善于利用知名账号记忆一些媒体资源，让他们来帮助推荐。比如一些知名媒体的评论人在写专栏或写评论的时候，附带上企业的微信账号和二维码，可以在短期内让粉丝增长不少。当然，企业的产品信息一定要与这些名人的专栏有高相关性。

法宝四：线上线下相结合，让信息随处可见

想要获取粉丝，让更多的受众了解自己的产品和品牌，线上整合很重要，一定要把能展示自己微信公众平台的地方一个不落地都用上，比如官方微博、官网、博客、论坛，等等。

另外，线下活动也是获取粉丝的法宝，很多企业已经开始重视微信营销，他们在传统的报纸、电视、公交站牌等广告上都放上了自己的微信二维码和微信账号域名，这起到了非常好的效果。通过这种宣传，大大提高了公众账号的出镜率，吸引了目标人群。

随着微信闭环的完成，企业也已经意识到微信上可以完成市场调研、品牌传播、客户维护、客服咨询、销售、售后跟踪等工作。企业通过宣传自身的微信公众账号，把目标人群吸引到自

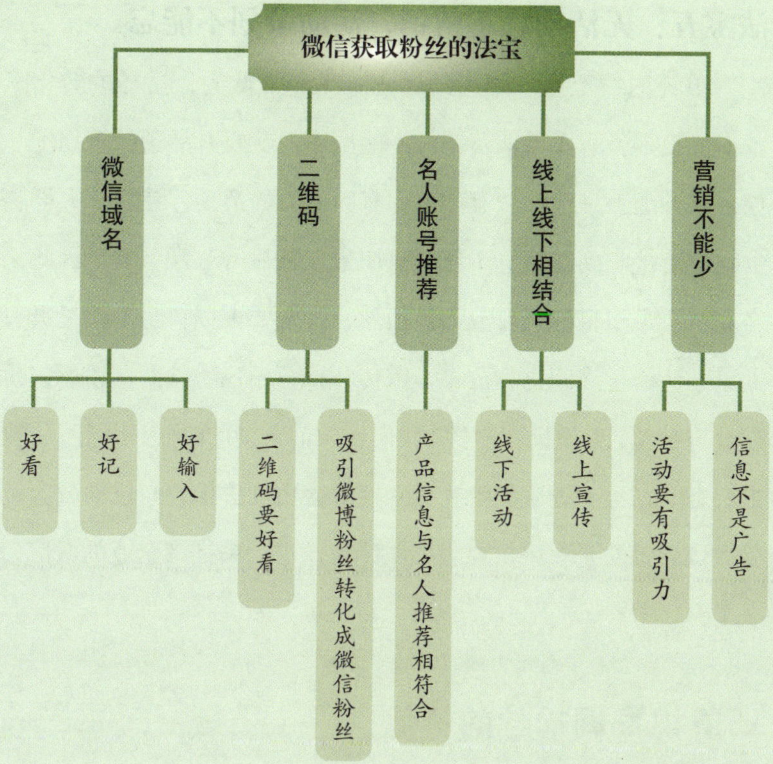

身的微信公众平台上来，就可以完成所有工作了。我们有理由相信，在未来企业的广告宣传端口，一定都会把自己的微信公众平台放到最显要的位置。

总之，一句话，用户只有知道你的存在，才有可能成为你的粉丝。

法宝五：无活动，不营销，活动策划不能忘

单纯的线上推广带来的转化率是非常低的，这样的转化率基本上是零。所以微信营销能不能出彩，就要看活动的策划了。如果能够配上一些比较有创意、有吸引力的活动，让目标人群感觉到他所接收到的信息不仅仅是广告，就显得非常重要。因此，企业想要吸引目标人群成为其粉丝，一定要根据自身的情况吸引大家，让粉丝之间进行分享、宣传和推荐，让粉丝制造粉丝，粉丝宣传粉丝，粉丝推荐粉丝。我们在微信营销的时候，提出了“教主心态”，看一下宗教吧，教众们都会主动去推广自己的教会，做微信营销的企业一定要想办法让粉丝主动去推广企业的微信公众平台。

◆重视发掘粉丝的价值

粉丝是微信营销中企业信息传播的主体，要充分发掘其价值，就必须让粉丝“产生”粉丝，通过策划有意义的活动和创意性的栏目，让粉丝进行主动传播。企业在进行微信营销的时候先通过私密性的联系了解粉丝的需求，然后根据这些需求设置栏目、命令功能，目的是让粉丝根据自己的需求在公众平台上进行信息反馈，并进行一对一的互动。

粉丝可以帮助企业维系老客户、发现新客户、提升顾客体验。

美国某杂志发表的一篇研究报告指出，对于企业来讲，老顾客能比初次登门的新顾客多带来20%~85%的利润，因此增强顾客黏度，维系老顾客是企业进行营销的关键，而微信营销恰恰有这个优势，它能够让粉丝对其公众平台产生依赖感，增进感情。

对于企业来说，稳定的顾客关系是非常重要的。企业要获得更多的受益，以维持长期的发展，就一定会不断地开发新产品，并把这些产品推广出去。因此，发现新客户，维持老客户的忠诚度就显得尤为重要了。微信营销在推广新产品、提供服务的同时，还能使企业通过一对一的方式听取粉丝的意见，积极改善顾客体验，从而提高竞争力。同时，老顾客的转发和传播，更能吸引新客的光顾。

粉丝可以指导企业进行战略决策。

市场调研是企业进行战略决策必不可少的步骤。市场调研是否顺利、调研的结果是否准确直接影响着下一步工作的进行。微信公众账号是企业进行市场调研的很好工具，这些账号对应的粉丝都是企业的目标人群，与他们进行实战性的沟通、交流，能够让调研的过程更轻松，而调研的结果也会更精确。

◆增强粉丝的活跃度

粉丝是产品和企业品牌的传播者，微信营销想要达到预期的效果，就一定要重视粉丝的活跃度，让每一个粉丝都积极地参与到推广的过程中。想要增强粉丝的活跃度，一定要在微信公众平台栏目设置、栏目内容、栏目功能、主题活动等方面找到突破口。

首先，在栏目设置上：换位思考，用户体验是关键

微信营销的核心是为客户服务的。换位思考，按照粉丝的喜好设置栏目以方便其阅读和选择，这能够极大地提升用户体验。

一般情况下，企业微信公共平台大致都会设置以下几个栏目：产品中心、企业资质、活动奖项、联系方式等。除了让粉丝知道这些栏目以外，最重要的是要让粉丝愿意去看这些栏目，因此，平台设置的内容符合粉丝的喜好就很重要了。成功的微信营销方式就是，粉丝提到什么就能看到什么，例如，粉丝说要了解产品，就可以让他看到企业产品的相关页面和详细的产品信息，当然这一点要靠设置关键词。

其次，在栏目内容的发送上：以粉丝为中心，个性化地提供消息内容

想要粉丝产生依赖，按时按点地查看消息，就一定要在内

容和形式上下功夫。微信发送消息，可以有多种形式，比如文字、图片、视频、语音、单纯的图文信息、多个图文信息等。总之，企业要充分发挥策划能力，提供个性化的服务，粉丝喜欢什么就发送什么。

再次，强大的功能要符合用户需求

目标人群的需求是企业营销需要充分考虑的，很多公众平台都会在提供基础信息的时候还会提供延伸的功能，例如，有些学校的微信公众平台会有翻译功能、旅游网站的公众平台会有机票预订的功能等。

有些企业的微信营销是要树立其自身的品牌形象，个性化的推广对于其品牌的传播有很大的助推作用。

最后，增强粉丝活跃度，策划活动互动是手段

粉丝凭什么关注你，完全凭借每天推送的产品信息？这就大错特错了。

通过参与活动的方式和粉丝产生互动是增强粉丝活跃度的手段。微信是一个一对一的平台，让粉丝感觉到你和他在进行单独的沟通，这对微信营销会起到很好的促进作用。

微信营销的商业价值

微信为整个业界提供了一个很好的通信开放平台，这样，所有的第三方都能够把他们有价值的应用传播出去，让这个平台接触到更多的用户。目前，微信已有4亿多用户，如此庞大的用户群体让它的商业前景越来越广阔，而作为一种新的营销渠道，它的传播价值也越来越大。除此之外，微信营销传播的可信度和有效性都很强，因此，人们更愿意放弃微博上所谓公知和娱乐明星的推荐，而选择自己身边熟知的朋友的推荐，对他们来说，明星的推荐很可能是广告或者噱头，而身边熟悉人的推荐，那极有可能就是他们尝试后的美好分享。

◆有了身份我怕谁，微信号——最重要的身份标志

微信作为移动互联网时代一种新的营销工具，它给了人们一个重要的身份标识：微信号。个人可以利用微信号来记录自己的行为，企业可以利用微信号来找到它的目标顾客群，进而推广产品和传播企业品牌。

微信号是微信中最重要的身份标志，注册成功后，只能修改一次。

具体操作步骤：在微信界面最下方点击“设置”，查看“账号与安全”，就可以找到自己的微信号。

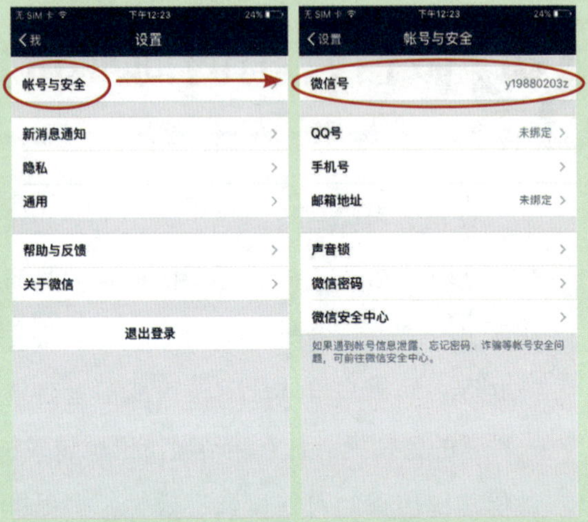

微信号是用户在微信中的唯一识别号，注册成功后，允许修改一次。以前，人们最重要的身份标志是邮箱地址或通信地址，后来变成了手机号。微信出现以后，那些网站的访客、手机号等数据人变成了实实在在的人。

企业想要从手机号码或者邮箱中提取信息进行精准营销是很难的，但是微信账号却为精准营销提供了一个契机。通过微信号，企业可以知道粉丝的性别、所在地以及其他更多的详细信息。因此，企业可以利用这些信息做一个资料库，方便按照粉丝的喜好推送产品或品牌，做到有的放矢。

◆要服务而不要骚扰，公众账号，删与留，全凭自己的喜好

微信公众账号是为客户服务的，而不是骚扰客户。很多媒体之所以不受欢迎，就是因为在没有得到允许的情况下，向受众发送他们并不喜欢或不需要的信息。从严格意义上讲，这种信息就是骚扰信息。

微信就不会出现这种问题，公众平台从来不会主动添加用户，而用户添加公众账号也只能是手动添加。既然用户主动添加，就说明有潜在需求，公众平台就可以根据一对一的交流进行沟通反馈，了解用户到底想要什么。

以上的这种行为完全是符合用户个人意愿的。而且用户添加了一个公众账号，发现这上面的信息不能满足自己的需要，可以立即删除，那么之后也不会再收到它发送的任何消息了。这种自由度完全不会让用户感到不舒服。

只有让消费群体获得心满意足服务的商家，才有资格继续在消费群体的微信上“幸福”地存在下去。

◆信息流自由度高，并有专属的交易记录

对于信息的流动来说，微信提供了最大限度的自由度，通过微信，用户可以方便而迅速地和好友进行联系。从某种意义上

讲，这就为现金流和信息流的流动创造了条件。

除此之外，微信利用微信号定位个人，用公众账号定位商家，在这里，可以全面地查询个人与商家的交易记录，这就形成了一个“消费云”。微信为个人提供消费信息的管理、积分服务，等等，从另一个角度来说，能够为企业累积人气提供交易数据、客户数据以及 CRM 服务。

微信是利用这个“云”来为个人提供消费信息管理、积分等服务的，同时还可以为企业累计和提供交易数据、客户数据等。

◆社交游戏有价值

微信是可以成为手机游戏平台的，就像当年的 QQ 农场一样，把相同的社交游戏理念植入其中，大家共同参与。

实际上，微信游戏平台会成为游戏开发者的又一座金矿，开发手机的小游戏远比开发其他游戏成本低得多，而且，手机是一个便携式的可移动物品，一个人很多时候随身携带手机，很多空闲时间会选择随手掏出手机玩个小游戏，而不是打开电脑，用键盘打游戏。

商家利用社交游戏发布广告，吸引新顾客，尤其是这些社交小游戏中，还增加了世界对战环节，在这一环节中。微信用户可以被随机分配对战对象，而且对战结束后，还可以给对方留言。从某种意义上讲，这又增加了许多推广自己的机会。

现在各种各样的小游戏大行其道，很多人都爱不释手，商家利用这些小游戏发布广告，推广自己，可以吸引一部分新客中的光顾。

公众账号——微信营销的利器

公众账号是企业形象的代言人。利用公众账号，企业可以通过文字、图片、声音或视频等来和特定的粉丝群进行沟通、互动，从而进行营销和宣传。公众账号可以为企业带来超乎想象的影响，它能将企业的形象和理念充分展示出来，不得不说，公众账号，是企业进行营销的利器。

◆公众账号的功能和使用技巧

企业想要让公众账号的功能发挥到极致，就一定要了解它的功能和使用技巧。公众账号有以下几项内容：首页、实时消息、用户管理、群发消息、素材管理、设置功能、高级功能。

在首页里，会显示待办事项，包括新消息和新的订阅人数。而且订阅人数和消息数都是实时变化的。

实时消息指的是订阅收听你的用户给你发送的消息，但这里的消息不会长期保存，一般只能查看 5 天的消息记录。企业可以设定快捷回复，当用户发来消息的时候，可以进行迅速及时的互动，这样有利于增强粉丝的忠诚度。

用户管理指的是通过新建分组，对用户类型进行管理。用户管理可以显示订阅平台的人数。

群发消息是指用户可以一对多地发送文字、语音、图片、视频、录音等消息。发送群发消息之前，可以先选择群发对象，这样消息推送可以更为精准。

素材管理指的是提前编辑上传好的需要推送的内容，它包括图片、语音和视频。需要发送的时候直接选择发送对象，一键单击，即可完成。素材管理中可以保存以下几种消息类型，包括活动（产品）消息、单条图文消息。

在设置功能里，可以设置账号名称、账号头像、账号所属的地区以及简单的介绍等，除此之外，还能自动生成二维码，二维码有多种尺寸，可以根据需要下载。

高级功能分为编辑模式和开发模式。在编辑模式中，通过建立规则设自动回复和关键词回复等。而开发模式则可以帮助企业微信实现 App 功能。

◆公众账号营销应该注意的问题

企业利用公众账号进行微信营销时一定注意内容、主题、推广方式等方面的技术性和技巧性，打造精细化的营销模式。

首先，优中选优做内容。

对于微信的营销特点而言，要以内容为王，服务受众是关键。

如何让粉丝喜欢自己推送的内容？如何握住大把的粉丝并保持其活跃性？如何保持老客户的忠诚度？如何自然增加新粉丝？如何让客户主动积极地推荐和发展新客户？这些全靠内容的运营。文字、语音、视频、图片等多种形态相结合，优中选优，保持内容的独特性和多样性。

其次，微信主题要明确。

微信主题是否明确是微信营销是否有效的关键。如果主题让人觉得摸不着头脑，那么老客户就会流失，新客户也不会关注，这样的主题对于他们来说，完全是一种毫无胃口的东西。所以，企业在确立微信主题后，最好在内容和功能上进行品牌化的传播，而不是直接用企业名称作为微信号，对于客户来说，他们很可能对一个企业名称相当陌生，或者，即使他们熟悉这个企业，却并不熟知这个企业的相关最新产品……因此，对客户来说，品牌化的传播是他们最容易接受，也最直观的方式。

再次，微信是为企业服务的。

在微信公众平台上，曾经有很多草根大号，他们一般不发产品信息，而是以空洞的内容为主，但这些大号后来就被封掉了，原因是：微信不是微博，微信公众平台端口的开放就是为企业服务的，而企业一定要宣传自己的产品。

最后，微信是营销利器而非推广工具。

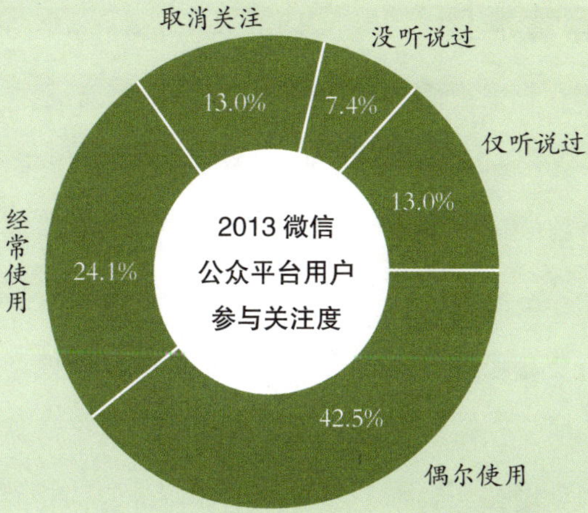

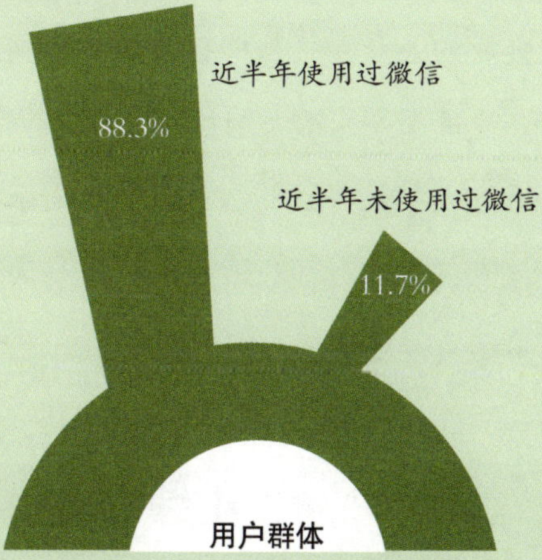

微信营销不是单一的推广工具，不是简单的信息推送和铺天盖地的广而告知，而是综合性极强的沟通交流反馈工具，是强大的营销利器。企业微信公众账号一定要针对目标人群进行精准营销。

◆公众账号的运营准则

公众账号的运营看起来很简单，但其实大有学问，暗藏玄机。拿捏得当，商机无限；拿捏不当，问题多多。好与坏的差别很大。微信不是简单的信息堆砌，也不能毫无技巧地对粉丝进行广告轰炸，这些并不能产生实际效益，反而会造成让人极其反感的负面效果。公众账号运营得好坏，直接影响其价值产出的多少。有的企业的公众账号运营起来毫无章法，几个月甚至一年粉丝数量都不见增长，基本上没有产生任何价值；有的企业的公众账号却能在短短的时间内聚集几十万的粉丝，这给企业带来了非常大的收益。一些企业的公众账号，虽然粉丝少，但足以满足自己的营销目的和需求；一些企业的公众账号，粉丝人群庞大，却收效甚微。这是为什么呢？这就说明，公众账号运营需要遵循一定的准则。

微信公众平台的运营准则是一个微信公众平台能否运营成功的重要依据，企业按照准则运营起码能确保 100% 有效果，至于效果如何，还需要根据具体行业具体分析。微信适用于很多行业，在运营微信公众账号时，不同的行业会有一些行业性的差异，但它们之间总有一些共同性，也就是它们在运营公众账号时必须遵循一些基本原则。

准则一：粉丝数量不是运营好坏的标准，精准才是最重要的

在微博营销领域有这样一句话：“一切以粉丝数量为指标的营销行为都是耍流氓。”因为大家都知道，粉丝是可以花钱购买的，那些买来的“僵尸粉”对于企业而言完全没有作用，只是一个数字而已。这句话同样适用于微信营销。增加粉丝数量是每一个公众账号运营的重要任务，粉丝数量的增加是每个企业所必需的，但我们不能盲目地加粉丝，粉丝一定要精准有效。那什么样的粉丝精准度最高呢？如何才能让粉丝尽可能有效呢？

微信营销领域也有一句话：“1 000 个微信粉丝大于 10 000 个微博粉丝。”这就是微信粉丝质量的关系。因为微信最大的特点就来自信任性和私密性，所以做微信营销，一定不要泛泛地去追求粉丝的数量，而要以精确性为核心。

举一个例子，我有一个做餐饮的四川朋友，他的目标粉丝就是周边 5 000 米的居民，首先，他的公众账号里面除了有饭店介绍、菜色介绍、每个菜的营养构成、天气预报等功能和微信订餐之外，每天还会更新他们附近的一些新闻、家长里短，而在推广时，则充分利用自己店的优势，在桌子、大门上都贴上自己的二维码，扫了此二维码的用户，可拥有微信好友九折优惠的待遇，同时，除了几个微信套餐外，客人去他店里面消费，只要将他们

店的微信公众账号推荐给自己所有的好友，就可以任选其中一份微信套餐免费食用。

这样一来，他的粉丝虽说不是很多，但是个个都非常精确，基本上能确定其中 80% 的人经常去他店里面消费，而且新客人天天都在稳定增加。

他就是典型的不用软件、不用传统广告，充分利用微信公众平台营销的一个代表，本来给自己定位只做小店的他，现在已经着手开第三家分店了。

看了这个例子，大家就很明白了，我们做微信不追求数量，而是要质量！粉丝的精确度上去了，再配合上我们的“脑子”，生意不好才怪！

准则二：内容要丰富，展示形式要多样

说到内容的时候，很多读者都会微微皱一下眉头：“我的公众平台放什么内容呢？”

首先，我们先不要想放什么内容，先去想怎样用微信去展示内容。将简单的图文信息、视频信息以及文本信息多层次、多样化、多角度地展示出来，才能让粉丝的依赖性越来越强。除此之外，陈列的内容也要根据粉丝接受的情况进行调整，力求丰富多彩。要经常以专题方式更新，一次又一次给粉丝带来

新奇感和满足感。但是作为企业，要考虑我们的展示方式一定要有创新，比如大部分的客户要求微信以H5化的方式完成内容展示，因为这样的方式可以使微信公众服务号的展示页面更加绚丽自由，再加上诸多实用性和个性定制的功能，企业彻底告别Wap和App了。

微信有了如此美妙的展示方式，在内容方面就简单了。企业只需要把自己想展示的东西陈列出来，再根据从后台获取的粉丝接收信息的数据，不断调整就可以了。总之，内容越丰富越好。微信在移动互联网端没有不能实现的，只要你敢想！

准则三：功能全面营销价值才能最大化

公众账号的功能很强大，每一个企业的微信公众账号都是这个企业的全能App，它可以维护老客户、吸引新客户，也能推广品牌、促进销售，还能进行市场调研。能干你能在移动互联网端想到的所有事情，所以企业要在微信上实现营销的最大价值化，除了要内容上丰富多彩，功能上更要全面！企业还要根据自身的需求量身定制一些基础功能，如翻译、股票查询、天气预报等功能，再根据粉丝的需求提供个性化的定制服务。对于一个大品牌企业而言，他们在功能上的选择非常广，唯一要做的就是个性化定制，比如招商银行的查询余额功能、星巴克的自然醒，都是针对自己的企业和目标人群的特点设置的。总之，功能越全面，能够实现的营销价值就越大。

准则四：与粉丝互动要频繁

无论是千方百计地展示内容还是绞尽脑汁地提供个性化的定制功能，都是为了让粉丝乐于去分享我们的微信公众平台账号，愿意去分享我们的微信公众平台账号！

粉丝不需要单方面地频繁接收对自己无用的广告信息，他会避而远之，更不用说去分享，所以我们要从内容和功能上让他感觉我们所提供的内容非常有用，非常值得他们与自己的朋友分享。

如果我们的微信公众平台建好了，而且做得非常好，那么如何让粉丝主动去分享呢？首先就是要频繁地和粉丝互动，互动率越高越好，越有用越好！

我们在互动上可以设置话题，比如春节讨论红包、三八节讨论女生放假，但是这些手段太过普通，我们在互动环节的设计上可以和功能结合起来，比如艺龙网做的“一站到底”的互动游戏，就是非常不错的创意和开发。

还有一点，和粉丝互动一定要越简单越好，越容易参与越好，总之，在不知道什么互动最有用的情况下，越频繁越好！

因此，运营公众账号要与粉丝进行频繁的互动，互动率越高越好。当然，需要注意的是，互动的方式越简单越好，这样粉丝才愿意参与。同时，互动的形式要幽默有趣，如果以死气沉沉的方式去和粉丝互动，他们觉得这是在浪费时间。

准则五：活动要有效，推广要动脑，让老顾客成为新粉丝

企业如何推广微信公众账号？这是很多人共同面临的问题。一句话：要动脑！首先，让老客户成为我们的粉丝。老客户是企业最为重要的资产之一，老客户不仅对我们的企业和产品有一定的认知度和认可度，而且有一定的忠诚度。竞争的激烈性让企业不得不倚重于老客户，而且从营销学上来讲，深挖一个老客户，比开发增加一个新客户所需要的成本要小很多。相对于其他媒体而言，微信的最大优势就是能让我们与客户零距离接触，并一对一沟通。这非常有利于我们为客户提供各种服务（特别是老客户）。所以我们在运营公众账号时，首先应该想办法通过各种方式和渠道将老客户转移到自己的公众平台上来。

微信营销带给企业最大的好处就是对老客户的维护！所以企业在做微信营销的时候首先要想一想，老客户是不是都成为自己的粉丝了呢？

然后就是让这些成为粉丝的老客户来推广我们的微信公众

平台。根据微信官方的统计，平均每个人的微信好友不低于50个，且因为微信的私密性使彼此信任度非常高！让这些本来就是我们客户的人把我们推荐给他们的好友，这里面的转换率可想而知吧。

策划活动的目的是增强与粉丝的互动性。与粉丝及时沟通，了解他们的需求、意见和看法，既能帮助企业提升效率和进行下一步的战略决策，又能让粉丝觉得有新意，从而对公众账号产生依赖性。

就推广而言，老顾客是企业的重要资产之一，让老顾客成为粉丝并保持其忠诚度是很重要的，开发老顾客比拓展新顾客节约成本，因此，运营公众账号，要想办法通过各种方式和渠道把老顾客拉到平台上来。同时，拓展新顾客，让粉丝吸引粉丝，才能让公众账号的运营效果得到提升。

还有，要选择性地瞄准新用户。每个行业都有自己的目标客户群体，并不是所有人都需要我们的产品或服务，或者说并不是我们的产品或服务适合所有人。所以，我们在推广自己的公众账号之前，一定要弄清楚自己的目标用户到底是谁，他们到底在哪里，推广时要做到有的放矢，不要像传统的路牌广告一样，“撒胡椒面”。

之前企业执行很多传统广告思路的时候已经考虑过目标客

户，只不过考虑的是如何让目标人记住我们的广告，但是这些人看过之后，也许能记住，也许就忘记了，现在我们考虑的是让目标人扫一扫我们的二维码或者加上我们的微信号，这样“他”就被我们“圈”住了，永远不会忘记，而且可以对他进行深入的营销，让他依赖我们！

所以微信公众服务号的推广是一件非常动脑的事情，充分挖掘现有资源，同时让粉丝推广给粉丝，让企业微信公众平台的作用稳定有效地发挥！

准则六：运营要有计划

运营微信公众账号时一定要有周密的计划性，绝对不能盲目！因为微信公众服务号既代表了企业的品牌形象，又有时效性，而且它可以不断提高品牌的影响力！

而计划性大体包括建设、搭建阶段性目标。微信公众平台的建设和搭建是不一样的。

建设是指对于平台名称、账号域名、介绍、二维码的设计、认证等基础环节的完善，这是粉丝和客户看到我们的第一印象，而且这些东西都不太好修改。所以这些看似简单的环节非常重要，相关知识和技巧可以查看本书第三章的详细阐述。

搭建就是关于内容和功能的搭建。阶段性目标策划与执行就是我们要给自己做节点，一般来说，企业可以根据自身情况设置阶段性节点，比如第一步，老客户是不是都关注；第二步，我们的推广和活动要以什么为主，以此类推，做到运营有的放矢！

准则七：客服要引导

从传统营销模式中走来，我们习惯了很多传统的客服要求，比如一定要问需求、一定要问联系方式、一定要显得专业规范等，而在微信时代，客服的要求改变了。

以医疗行业为例，当有患者从微信公众平台咨询我们的时候，他的路径我们是很清楚的，从他的路径上我们完全可以看出他的需求是什么，所以我们的沟通就不用客套，直接根据需求展开就可以了；微信本身就是友情性和私密性的个人沟通工具，和手机等联系方式有一样的作用，所以不需要再追着对方要联系方式；而微信营销最大的优势就是私密性，患者咨询你的时候，你的回答一定是“我和你”的关系，这样才能把私密性的特点发挥到最大，“我们是朋友，是哥们，我可以给你一些帮助”——这才是微信营销客服的要求！

就像淘宝网上的客服喜欢说“亲”如何如何，微信上的客服应该喜欢说“咱”或者“你”如何如何，让彼此的距离越小越好！

准则八：有重点地维护粉丝

每个粉丝都是传播者，他们都可以把企业的公众账号转发给自己的好友，而且这种转发的精准度和转化率都是很高的。因此，微信营销，无论是内容还是功能，一切都要以粉丝为中心。

每一个微信粉丝都是企业重要的财富，只要他们愿意，每个粉丝都可以很轻松地把企业的微信公众账号推荐给自己所有朋友，这些粉丝的精确度和转换率高得无法想象，所以我们做微信营销的时候，不管是做内容还是做功能，都要从维护粉丝的角度出发！甚至说“取悦粉丝”也不为过。

其实微信公众平台就是一个非常完善的客户管理系统，我们可以通过备注、分组、标星等各种形式让自己知道每一个粉丝的需求，以及营销重点。所以对于企业而言，维护粉丝、维护客户是微信营销的重中之重！

准则九：核心是依赖

让我们重复一般微信营销的核心：让粉丝依赖于我们！这是微信营销的根本，不管是内容还是功能，我们都是因为这个原因才去做的。一个企业微信营销是否成功，就是看它的粉丝对于它的依赖性。所以想抓住微信营销机会的人，必须牢记这个核心，以这个核心为运营的根本准则！

第3章

别说你不信，超强功能让微信营销变得更加彪悍

微信营销之所以受到欢迎并且能够取得极佳的效果，还是依托于其强大的功能。这些功能让微信营销变得更加彪悍。以前，我们很难想象，只要手机在手，动动手指，营销就能搞定。

动动手指就能搞定

微信是一种更快速的即时通信工具，与传统的短信沟通方式相比，更灵活、更智能、更随意、更自由。随着微信用户越来越多，微信营销作为新的营销模式也应用得越来越广泛。它不需要复杂的应用程序，从某种意义上讲，有的时候，动动手指，营销就搞定了。

◆拍摄并发送图片及视频

如今，发短信已不再是最普遍的聊天方式了。微信在吸收了短信优点的基础上进行了进一步的优化。用户只要打开对方的聊天界面，然后按照编辑短信的方式操作，就能聊天。最重要的是，微信还支持群聊，同时发送的形式也越来越多样化，可以是文本信息，也可以是图片和视频。

用户在进行文字聊天的时候，既可以看到聊天的内容，还能看到对方的头像，这是短信所没有的。这种设计更显得人性化，用户在使用的过程中看到熟悉的头像更有一种温暖的感觉。因此，许多企业的公众平台都会设置个性化的头像，嵌入公司

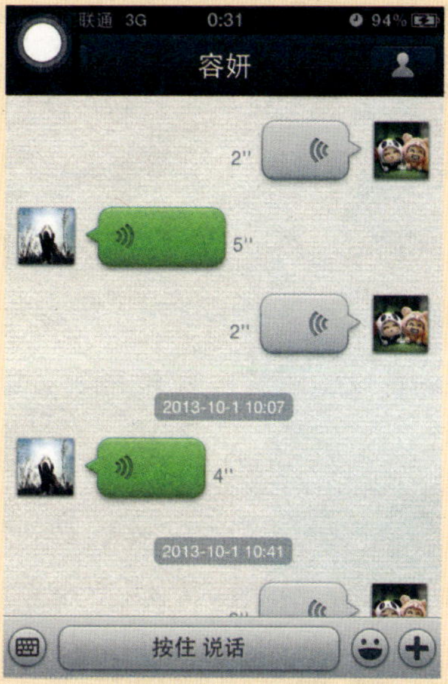

用户在进行微信聊天的时候，既能看到聊天内容，又能看到对方的头像，这是短信所不具备的功能。

的名称或Logo，目的是在沟通的过程中，让粉丝加深印象，从而提升熟知度。

另外，在手机内存充足并且聊天记录没有被删除的情况下，聊天的内容是可以被长久保存的，包括语音、视频和图片信息。不仅如此，聊天内容还能被搜索，从一部手机转移到另一部手机。这样，重要的信息就会得以保存，方便以后进行查看。如此一来，对于一些商业用户，他们的沟通资料就会保存下来，并且方便随时查阅，极有可能在不经意间促成一笔又一笔业务。

◆二维码扫描

微信二维码是移动互联网的入口，它是腾讯开发出的配合微信使用的添加好友和实现微信支付功能的一种新方式，是含有特定内容格式和特定数据内容的，它只能被微信软件识读。用户只需要用手机扫描商家专属的二维码，就能立即获得商家的信息，还能产生电子会员卡，从而享受商家提供的各种折扣和优惠服务。

二维码为微信账号的传播提供了很好的媒介，商家可以通过平面、网络、印刷品等媒介，方便地让二维码展现出来，甚至

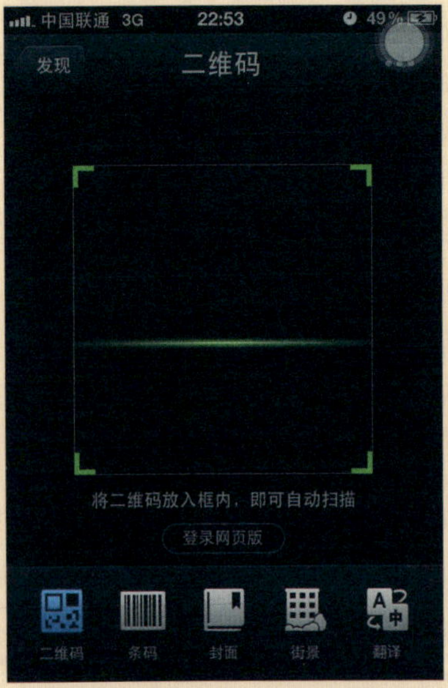

二维码最重要的作用之一就是能够帮助用户增加新粉丝。

有的个别企业的大楼上都有二维码。其实二维码最重要的作用之一就是增加新粉丝，任何用户在线下扫描二维码后，都有可能成为影响其朋友关注和购买的接力者。

用户通过直接在商家海报扫描二维码或登录官网等方式扫描二维码成为其会员。腾讯网就开通了腾讯微生活栏目，它会在这个栏目中定期地提供和推广微信会员卡服务商家的相关信息。对于企业而言，用户可通过扫描二维码来添加朋友和关注公众账号。企业设定自己的二维码，提供相应的折扣和优惠信息来吸引顾客，开拓O2O的营销模式。

企业想要消费者参加其活动，就必须有一个明确的诱因吸引他，如果只是让他简单地参与，那么大部分消费者是不会感兴趣的。例如：扫描二维码，即可赠送价值××元的礼品一份。但这并不意味着，明确的诱因仅仅是送礼物或者是价格上的优惠。不过通过这种沟通交流，可以让企业和消费者之间构建一种信任关系，从而让消费者对其产生依赖，这也是微信营销的基本目的。

◆漂流瓶

漂流瓶是微信上的一款重要的应用，它与QQ漂流瓶相似，但是除了可以发送文字以外，它还能发送语音或视频。微信漂流瓶的功能主要有两个方面，这也是其操作技巧。功能一，“扔一个”，用户将语音信息或文字信息扔进大海中，被其他用户捞起后，可以展开对话。功能二，“捡一个”，用户从大海中“捞”出一个漂流瓶，捞起后也可以进行对话。

微信漂流瓶同样是企业进行营销的很实用的工具。企业如果想要大范围地推广某一活动，就可以让微信官方帮忙修改漂流瓶的参数，让其在活动期间扔出的漂流瓶数量变大，那么微信用户捞到这些瓶子的概率就会增加，同时互动性也会增强。但是，需要注意的是，漂流瓶的内容最好是语音，这样更容易取得用户的信任，一定不要简单地推送广告，这样会引起用户的反感。一

微信漂流瓶同样是企业进行营销的很实用的工具。企业如果想要大范围地推广某一活动，就可以让微信官方帮忙修改漂流瓶的参数，让其在活动期间扔出的漂流瓶数量变大，那么微信用户捞到这些瓶子的概率就会增加。

定要体现诚恳和有趣，这样一来，更多的用户就会“捞”到一份意外惊喜和心满意足。

“扔”和“捡”之间看似简单的操作，但对营销效果的影响却是很大的。漂流瓶的形式是灵活多样的，推广起来也很方便，在设置信息的时候如果能用一些热点话题、流行的奇闻趣事以及一些幽默的文字等吸引眼球的话，那么参与的人数就会越来越多。而如果与这些人进行互动，形成信赖感，让他们成为企业的新粉丝，那么微信营销就简单多了。

◆摇一摇

摇一摇是移动社交的一种新鲜的方式，它是一款随机交友软件，通过摇动手机，可以自动匹配出同一时段进行此项操作的其他微信用户，牵线搭桥，让用户彼此熟识。这样就极大地丰富了人际关系。

你想想看，在一个特殊的时间，在一个特殊的地点，不经意地摇动手机，可以“摇”出同一时间“心有灵犀”的一些人，这就是上天注定的缘分。

微信最初的定位是熟人的社交，但随着功能越来越完善，这种熟人社交逐渐向陌生人拓展，可以说，微信是把陌生人变成熟人的最强大的工具，它让社交方式变得越来越多维化。微信营

摇一摇对企业推广来说，可以增加其广告的曝光度，让更多对这些广告感兴趣的人成为新粉丝。

销更是如此，老顾客的传播范围毕竟有限，那么提高曝光率、增加新客户就成了营销必不可少的步骤。

摇一摇是微信上最独特、最强大的交友方式，只要同时摇动手机，无论你在世界的哪个一个角落，原则上都可以被搜到。强大的功能背后蕴藏了更大的商业价值，尤其是对企业推广来说，它可以增加企业广告的曝光度，让更多对这些广告感兴趣的人成为新粉丝。2012年11月，微信摇一摇又新增了另一项强大的功能，那就是可以把电脑网页与在线图片"摇"到手机里，这种移动技术又给微信营销带来前所未有的价值。

让你的世界没有陌生人

微信营销注重信任度，而信任度只有在熟人之间才能产生，从某种意义上讲，微信社交就是一种熟人社交。企业要想让微信营销达到预期的效果，就要使所有关注的人都产生信赖感。

◆查看附近的人

2012 年 8 月 3 日，微信推出了“附近的人”功能，这是一种 LBS 社交功能。通过这种功能，用户可以找到自己所在地理范围附近的人，但这需要一个条件，就是这些人必须也同时开启这个功能。这项功能的开通，给微信带来了用户数量的第一次大爆发。很多人觉得新奇又好玩，而且让“缘分”这个词变得玄妙又亲切，甚至有人通过微信而恋爱，走入婚姻。

众所周知，腾讯的每一个产品机会都带有个性签名的功能，微信也不例外。微信用户可以随时在签名栏里更新自己的状态，对于企业来讲，这种状态签名可以是广告。但是，这种签名只有自己的好友才能看到。而通过查找附近的人，陌生人也可以看到这种强制性的广告。

LBS 是一种地理位置服务功能，它能够通过移动终端和移动网络确定用户的地理位置，这无疑给移动广告市场带来了巨大商机。企业可以利用“附近的人”查看其附近用户的地理位置，并向该用户推送自己的服务信息。

具体操作如下：用户点击屏幕上方的“发现”，进入“发现”界面，然后点击“附近的人”进行查找，第一次使用这项功能的用户需要同意微信使用地理位置信息，同时还需要补充个人信息。用户进入“附近的人”页面后，可以查看附近人的相关信息，如性别、所在地区和个性签名等，点击感兴趣的人，就有机会和对方成为朋友。微信的这项功能创造了一个没有陌生人的世界。

商家利用“附近的人”这一功能，在商业区、学校、展览中心等人流较多的地方进行一系列的促销活动，通过向附近的这些人打招呼，即时推送信息，引起用户的关注。对商家来说，不需要弄一个华丽的展台，就可以轻而易举地达到实实在在的效果。

这种方式对于商业区附近的餐饮业来说，可以称得上是他们提升订单的神器。网上曾有这样一个案例，一家名叫“饿的神”的快餐店，中午的时候通过“附近的人”功能向它所辐射的范围内的用户打招呼，发送自己的送餐信息，这引发了用户的关注并带来了订单量的提升，试想一下，当你正饥肠辘辘，纠结于要吃什么的时候，突然收到这样的信息，无疑是一种惊喜，谁都愿意尝试一下。

◆朋友圈

朋友圈就是微信上无论你通过什么样的渠道认识到什么样的朋友，只要互相关注，就会形成一个朋友圈。在微信朋友圈里，你可以发布文字、图片和视频等各种信息，也可以查看朋友发布的消息，还可以进行留言互动。但与微博不同，微信朋友圈好友的留言只能共同关注的人才能看到。

一般情况下，朋友圈的推广在个人店主中比较受欢迎。取得用户关注后，他们可以经常在朋友圈内发送一些相关的产品信息。用户第一时间看到信息之后，如果觉得产品能够满足自己的需求，就会产生购买行为。另外，微信朋友圈也是一种熟人社交，熟人推荐的产品比起陌生人推荐的来说更受欢迎。

第 4 章

微信营销，这么玩你才能赚钱

在移动互联网时代这个大媒体环境下，微信火了，有了 4 亿的用户群。对于大多数人来说，微信只是一个社交平台，用来和亲朋好友通信、聊天、分享照片等。也有不少企业把微信作为一种新型的营销工具，通过公众账号发布商业信息，但是，你真的知道，微信营销究竟怎么玩才能赚钱吗？

“玩”眼光

生意场上，能否独具慧眼是以后生意成败的重要因素。微信营销也是如此，有的企业花费很少的一些精力，却吸引了众多粉丝；但有的企业花费很多精力，却鲜有成效。因为，微信营销要成功，一定要独具慧眼，找准定位。

◆找准定位，确定运营模式

在微信营销中，用户扮演着“上帝”的角色，如果企业的公众账号让用户感到毫无用处，或用户觉得糟糕极了，那么极有可能会被取消关注或删除。因此，营销初期，定位很重要。定位找准了，营销模式确立了，那么企业一定会在微信营销中受益匪浅。

首先，从微信平台进行定位。

微信平台的用户十分广泛，由此定位，最重要的是把用户的关注度放在首位。微信平台的操作简单便捷，向用户推送消息的时候也比较容易执行。微信平台有两种运营模式：一种是公众平台的运营模式，另一种是公开平台的运营模式。

公众平台的运营模式主要是通过图像、音频和视频等方式来向用户推送消息，并进行沟通、互动和反馈。公众平台对技术的要求比较低，任何企业和个人，只要是注册了公众账号，就可以在后台进行操作。一般情况下，一些草根达人以及小型企业都会采用这种运营模式。

相比来说，公开平台的操作就难多了，它需要将 App 应用与微信结合在一起，将图像、音频和视频推送给用户。公开平台涉及 App 应用，因此它需要技术团队的开发，并进行专业化的操作。公开平台能给用户提供比公众平台更便捷的服务，带给用户更好的体验。

其次，从运营目的进行定位。

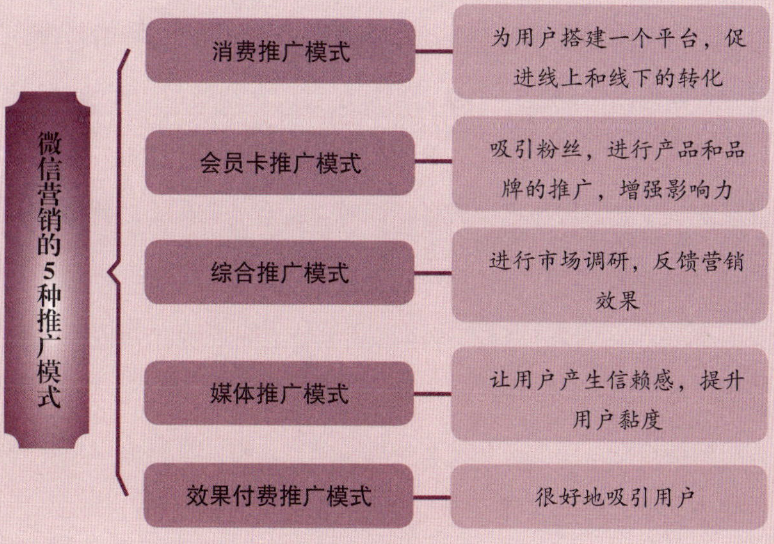

企业微信营销的目的是通过将产品和品牌推广出去，从而实现产值的最大化。企业运营目的明确，推广和运作方式也就会明确。因此，根据这种定位，可以确定 5 种营销模式：消费推广模式、会员卡推广模式、综合推广模式、媒体推广模式以及效果付费推广模式。

消费推广模式：互联网的发展让用户的消费模式渐渐地从线上转化为线下，相对地缩小了线下消费的用户规模。消费推广模式为用户搭建了一个平台，让线上消费转化为线下消费的过程更加简单快捷。而且这是一种绿色的推广模式，对生存环境不会造成污染。

会员卡推广模式：微信会员卡是一种新兴的会员卡，它为用户提供了许多优惠信息。企业通过微信会员卡可以吸引粉丝，进行产品和品牌的推广，从而增加了自己在粉丝中的影响力。

综合推广模式：通过 CRM（管理企业与用户之间关系的软件系统）工具为用户提供服务，同时进行市场调研，对营销效果进行反馈。

媒体推广模式：顾名思义，就是利用媒体的一些功能来吸引用户的关注。媒体具有很强的公信力，容易让用户产生信赖感。利用微信进行推广，将企业由单纯推送产品打造成具有可信赖性的媒体形象，这样有利于增加粉丝的忠诚度，提升用户黏度。

效果付费推广模式：通过人们的微信账号来进行推广，然后根据效果来收取相关的费用，这也是吸引用户的很好方法。

最后，从内容和推送方式进行定位。

通过推送有特色的信息内容来进行营销，是企业创造自己品牌的行之有效的方法。因此，根据内容以及推送方式的不同，可以将运营模式分为单项订阅型、目录选择型、服务应用型以及游戏互动型等。

单项订阅型：这是一种大众化的运营模式，企业精心编辑各种图文资讯后，通过公众账号每天固定发送给用户，让用户形成固定的阅读习惯，就像阅读书刊、早晚报一样。久而久之，不少用户会形成一种依赖心理，某一天，他们没有阅读到这样相关的图文资讯，反而感觉内心空荡荡的，很不习惯，很不自在。

目录选择型：目录可以让人们了解大致的内容信息，从而可以进行选择性阅读。微信营销中，先将目录推送给用户，用户回复后，推送其选择的相关内容，这样可以为其提供自由的阅读空间，而不是简单的信息轰炸。这种很适合有头脑、有主见、判断力很强又很挑剔的高端人群。对商家来说他们也节约了很多时间，可以根据用户的需求来“实时推荐”。

服务应用型：通过微信用定位服务，将第三方应用内容推送给用户。这种模式主要是从用户出发，用户不仅可以在公众账号上查询与产品相关的内容，甚至还可以进行下单购买。

游戏互动型：在公众账号中设置一些有趣的游戏，通过这些游戏与用户进行互动，这种运营模式具有轻松有趣的特点。微信营销中，这种模式不仅能充分调动用户的好奇心，还可以提升品牌形象。这种方式很适合有点童心的用户群，游戏玩得高兴了，不知不觉商家的产品也就深入人心，不知不觉中用户会自动对相关产品进行宣传，从而，更多用户会成为忠实粉丝。

微信营销内容的推送方式		
推送方式	**运营方法**	**优势**
单项订阅型	编辑图文资讯，每天固定发送给用户	可以帮助培养用户习惯
目录选择型	目录推送给用户，用户回复后，推送其选择的相关内容	为用户提供阅读空间
服务应用型	定位服务，将第三方应用内容推送给用户	线上线下转化更快捷
游戏互动型	在公众账号中设置有趣的游戏	调动用户的好奇心，帮助提升品牌形象

◆通过公众账号树立企业形象

企业形象是企业精神文化的一种真实反映和外在的表现形式。良好的企业形象会赢得更多用户，从而不断地创造企业价值。

微信营销中，公众账号就是企业的形象代言人，它专门为企业打造品牌效应。企业通过公众账号推送相关信息，通过各种反馈和用户产生互动，得到高关注度，进而提高品牌的知名度。

营销过程中，用户的反馈可以帮助企业改善现有的不足，并为下一步计划提供数据支撑和决策的支持，而微信公众账号可以及时准确地提供用户的反馈信息。

对于企业来说，公众账号除了担任着形象代言人的职责，还有着“宣传团队”的功能，企业将自己的最新动向、产品的最新信息发布到微信上，与粉丝进行互动，在巩固现有粉丝的基础上，吸引更多的新粉丝。

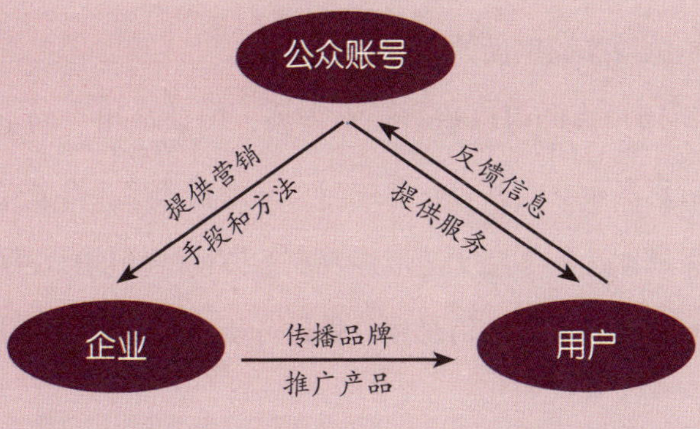

◆认证，把特权掌握在自己的手中

认证指的是认证机构对某些产品、某项服务以及某个管理做出的符合技术标准或合格规范的评定。在用户看来，某些产品或某项服务一旦获得认证，就意味着它已经符合规定，可以放心购买，或从心理上感到安定。

但微信账号并不是谁想认证就能认证的，它需要一定的条件，首先就是粉丝数量一定要多，因为得到的关注越多，越能从侧面反映出用户对公众账号的信任度，这样权威机构才会认为其有资格得到认证。一般情况，粉丝数只有在 500 个以上才会被认证。

微信是直接从信源到用户，及时而且准确，具有非常明显的“广播”性质；与微博不同的是，微信用户互为信源，他们之间进行信息的交流、交换。

简单的比喻就是：微博像是自由辩论交换信息，而认证微信则像是总结陈词里面的“综上所述”。

微信用户之间可以进行信息交换，但认证用户的主要作用是进行信息发布。尤其是企业用户，一天精选出 1~2 条信息发布即可，保证优选，不至于造成像现在的微博一样信息泛滥。很早之前专家就针对微博的信息爆炸做过分析。今后如何优化信息将成为一大商机。显然微信目前正在做这样的事情。

微信营销中，认证之后，可以掌握更多的特权。微信认证的好处有以下几个方面：

第一，可以享受更多的特权，尤其是在信息的推送方面。普通账号每天可以向用户推送 1 条消息，但是认证之后，每天可以推送 3 条消息。千万不能小看多出来的这两条消息，这是实力的一种证明。一般来说，能被认证的微信账户，一定是有固定的粉丝群，有特殊影响力的，用户对它的信任度的积累是它后期可以获得认证特权的基础。

第二，可以让账号更加具有权威性。公众账号中，已经认证了的账号排名会更靠前，也更容易被关注，就像淘宝的皇冠卖家一样。另外，现在的微信账号五花八门，微信认证可以帮助过滤不好的账号，提供优质账号，避免给用户造成不必要的困扰。

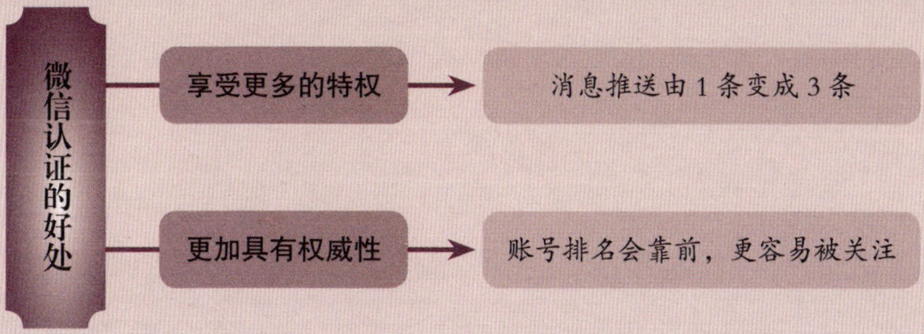

“玩”感情

所谓用户的忠诚度指的是用户因企业提供的产品和服务而满足，甚至产生超出心理预期的信赖感和依赖程度。简单地说就是用户对企业产生了感情。实际上，“玩感情”是企业进行微信营销推广产品和品牌的一种十分有效的战术。对企业来说，这不是“玩弄”微信用户的感情，而是“建立”和微信用户彼此的关系。

◆推送信息，吸引目标顾客群

微信营销中，用户就是“上帝”，如何吸引“上帝”，并让“上帝”满意，就成了营销的重中之重了。

想要吸引更多的用户，首先要抓住他们的喜好，通过设置精彩的主题，发送贴心的内容来打动顾客。那么，哪些是用户喜欢的内容，哪些内容又会使用户厌烦呢？

用户喜欢的有以下几个方面：

首先，提供订阅式服务，把主动权交给用户。企业在微信营销的时候如果能给用户更多的选择空间，那么一定会受到欢迎的。另外，每天只推送一条消息，而不是广告式的狂轰滥炸，那么被取消关注的可能性就少了许多。总之，人的逆反心理都很强，“让人选择”这种方式要比“逼人选择”更能吸引目标顾客群。

其次，推送的内容要有质量。推送消息的时候一定要选择用户关注度高、比较受欢迎的。在信息主题上要具有针对性，并且独具风格，不仅仅是博人眼球，最重要的是信息自身的价值。

最后，推送的时间要固定。一般情况下，微信营销最好选择在用户不忙的时候推送消息，固定一个时间段，这样用户才会形成阅读习惯，容易产生忠诚度。你想想看，如果用户很忙碌的时候，微信营销时不时地跳出来干扰用户的视线、干扰用户的思维，这会让人办事效率降低，从而产生反感情绪。相反，如果微信用户在每天吃饭前或者吃饭后的休息时间，打开手机，刚好看到熟悉的商家发送来他们很感兴趣的消息，这下，不仅他们的胃是鼓的，他们的钱包也有“蠢蠢欲动”的迹象。

与之相反，用户不喜欢的无非有以下几点：

第一，向用户强制推送消息，尤其是那些用户不感兴趣的消息，这样就极易造成用户的反感。这就如同本来特别不喜欢一件事情，但又不得不去做的话，只会造成更大的逆反心理。对于公众账号来说，被取消关注是毋庸置疑的。

第二，推送的消息没有价值。如果每天都推送那些毫无价值的消息，那么用户凭什么要关注你呢？他们会觉得这种公众账号实在是无聊透顶，对他们来说，这种公众账号的存在就是一种毫无意义的事情。

第三，消息推送的时间问题。如果公众账号推送消息的时间总是与用户的习惯无法保持一致，那么就很容易招来反感。用户在闲暇的时间中收不到任何消息，但忙碌的时候却总是被骚扰，那么这样就会给其造成很大的困扰。

用户的喜好与厌恶		
营销方式	**喜欢**	**厌恶**
订阅服务	"让人选择"的方式更受欢迎	强制推送用户并不感兴趣的消息
推送的内容	有价值的信息，有风格	信息毫无价值
推送的时间	推送的时间段固定在用户不忙的时候	时间不确定或时有时无

◆拉近与目标顾客群的距离

微信营销不是只要让用户看到消息就算完成了，它需要的是对等地接收用户的消息，并进行沟通反馈。明智的企业都会明白，用户的反馈实际上是一种出谋划策行为，企业可以从中获得更多的商机，并且能够让品牌价值传播得更广泛。

因此，微信营销中，一定不能忽视与用户一对一的互动。但这一点并不是指狭隘地与用户约在某个地点面对面地沟通。微信让线上一对一的沟通成为可能，无论用户在什么地方，正在从事什么活动，只要关注了企业的公众账号，就可以一对一地交流，这是一种快捷方便的沟通模式。

公众账号向用户发送消息，用户看到消息后可以主动进行回复，可以提出问题。公众账号可以根据用户的内容自动或者人工回复。这是微信营销最具特色的地方，它可以让企业与用户进行一对一的互动，这无疑会拉近与用户的距离，提升自己的品牌形象和亲和力。

◆调动用户感官，图片、语音、视频一个都不能少

无论是图片、语音还是视频，微信都能精准地推送给关注它的用户。但如今，用户的主动性越来越强，对消息的选择也越来越挑剔。因此，如何在形式和内容的编排上引发用户的共鸣，让用户更加喜欢就成了微信营销的重要课题。

单条图文信息

这种编排内容的方式很简单，就是一条消息配一张图片，

用有力度的标题吸引读者的注意力，用简洁的语言点名主题，用精美的图片辅助消息。一切看起来都是那么容易，却可以让用户快速方便地了解信息。

编排单条的图文信息需要注意的是：图片的大小要小于等于 2M，尺寸在 700px × 300px 为宜；文字的内容尤其是摘要部分，字数不要太多，但要具有说明性和震撼力，系统默认的字数为 54 个字，所以要最大可能地用有限的字数体现出信息的价值。

多条图文消息

这种编排内容的方式与单条图文消息相比本质上没有变化，只是形式上有些差异而已。多条图文消息是由一条主消息加多条副消息构成的，这种形式特别适合用来制作专题，适合发布相关性比较密切的内容，它能够将多条消息同时呈现给用户，用户可以根据自身的喜好和兴趣进行选择性阅读，更具有自主性和选择性。

编排多条图文消息时需要注意：主要图片的尺寸在 700px × 300px 为宜，次要图片的尺寸在 100px × 100px 为宜；一条主要的图文消息可以配 8 条次要的图文消息。

分享页面音乐

这种编排的方式是在图文消息中加入音频，为用户提供视觉和听觉上的享受。这样既增强了新鲜感，避免了一成不变的图文消息带来的审美疲劳，又容易保持用户的忠诚度。

总之，微信营销中，内容编排的作用不容小觑，内容越精彩，编排得越灵活多样，就越能调动用户的感官，增加吸引力。

各种编排形式的特点、优势及要求

编排形式	特点	优势	制作要求
单条图文信息	一条消息配一张图片	方便用户快速了解信息	图片大小：2M 图片尺寸：700px×300px 文字数量：54
多条图文消息	一条主消息加多条副消息构成	用户可进行选择性阅读	主要图片尺寸：700px×300px 次要图片尺寸：100px×100px 数量：1 条主消息最多可配 8 条副消息
分享页面音乐	图文消息中加入音频	为用户增加新鲜感	

◆增强用户的好奇心

在微信营销中，想要增强用户的好奇心有很多种方式，但“自动回复”无疑是最给力的一种方式。公众账号通过后台的相关操作进行设置，根据用户提出的问题或给出的关键词进行匹配，然后回复给用户他们需要的内容。这种方式将公众账号的操作人员从电脑前解放了出来，他们再也不需要无时无刻地盯着电脑屏幕关注用户的信息了。

一般情况下，每个关键字可以设置200条回复，不仅可以发送文字、图片和语音消息，还能在编辑之后发送单条图文消息、多条图文消息等，除此之外，还能进行选择性的群发。它的功能之强大可见一斑。

在设置关键词的时候一定要注意多样化，因为用户输入的关键词不可能与公众账号设置的完全一致。尤其是设置一级目录很关键，一定要选择工整的文字进行推送，这样用户才能一目了然。除此之外，在设置关键词的时候还要遵循越简单越方便的原则。

“玩”创意

创意是企业微信营销活动最不能忽视的。有创意的消息内容、有创意的活动是打造老顾客忠诚度、吸引新粉丝关注的利器。

◆推送有创意的活动信息

用微信策划一系列活动，吸引粉丝积极活跃的参与，是实现营销目的的很好手段。微信活动有利于激发用户的好奇心，促进双方的互动，更好地增强用户的忠诚度，增加新粉丝群，同时拓宽了企业的消费市场，有助于产品的推广和品牌的传播。

微信活动的策划想要有创意，不是无章可循的，一定要从用户、策划规则、线上线下相结合等几个方面着手。

第一，用户的定位。确定活动参与的用户类型，根据相应的人群确立主题，了解参与活动的人是家庭主妇、职场白领、学生、老年人还是年轻人，定位准确，活动的效果才能极好地凸显出来。例如，某旅游网站策划了一项参与活动——可以赢得免费亲子游的活动。这样的活动消息如果推送给老年人，效果必然不会太好。他们并不会特别动心。

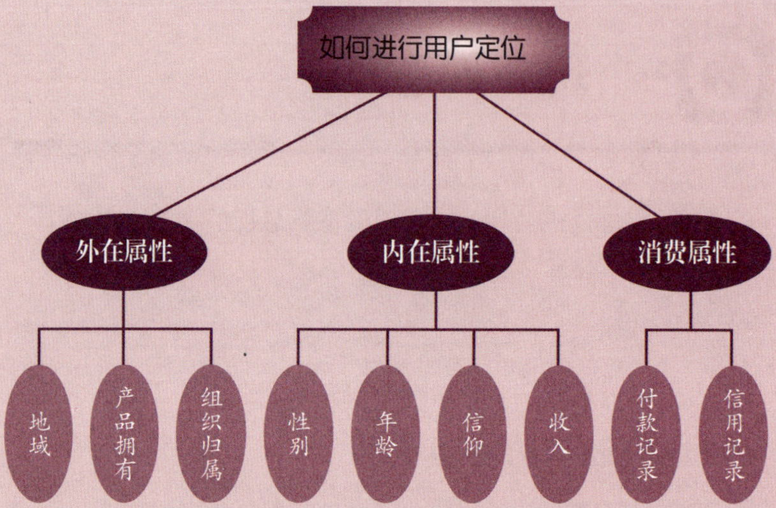

第二，活动规则要简洁、精练，这样才有利于用户的参与。如果规则复杂，用户就会觉得麻烦，从而减弱参与活动的积极性。因此，在规则复杂的前提下，即使奖品再吸引人，用户参与的热情也不会特别高。

第三，要投其所好。如果活动的方式不能引起粉丝的共鸣，或者是不讨粉丝喜欢，那么粉丝参与的积极性就会大打折扣。之前要做调查，看粉丝喜欢哪方面的活动，然后再开展相关活动。

第四，活动要具有新鲜性。如果策划的活动已经过时或者与潮流不符、新鲜感不强，粉丝就不会感兴趣。他们会觉得你们的设计太 Out 了，完全跟不上潮流和他们的思维，于是就懒得理睬。

第五，要线上线下相结合，加强交流，这可以让用户有更好的体验。

另外，微信自身功能强大——自动回复、摇一摇、漂流瓶都可以为策划活动出一份力，以此为基础，策划的技巧性也就更强了。

技巧一：漂流瓶互动更具趣味性

利用漂流瓶设计有创意的活动，如唱歌得礼物、爱心传递等。活动期间，通过微信设置，调整瓶子被捡到的概率，将企业的相关信息放到瓶子中，不仅可以增加品牌的传播效应，还能激发粉丝的好奇心，提高参与度，对于企业和粉丝来说都是互惠互利的。

技巧二：以图文互动为主的思维游戏

例如企业可以制作一些有创意的图片并搭配上提示性文字，制作成拼图游戏或者“大家来找碴”一类的小游戏，完成或过关之后可以出现企业的 Logo 或企业名称，而相关参与者可以得到奖品。同时，企业的产品信息也可以融入游戏中，增加知名度。

技巧三：通过自动回复参与有奖竞猜活动

公众账号的自动回复功能是很强大的，把一些有趣题目的答案设置自动回复的关键词，用户回答正确后，可进行下一道题，在各个环节中，加入企业的产品信息、社会热点问题，以及幽默段子，等等，这样不仅能够增加活动的趣味性，还能提升企业的知名度，一举多得。

技巧四：线上参与线下消费

这种方式十分快捷，利用App，让线上的用户到线下参与消费，体验到活动的乐趣，同时再加入一些特惠活动，可以提高用户的兴奋度和宣传度，同时，增加用户的关注度。

◆微信会员卡，打造新老顾客的忠诚度

如今，各种各样的会员卡数不胜数。通过会员卡，人们可以快速地知道商家的信息以及一些优惠活动。会员卡让会员成为商家首当其冲的受益主体，但同时也为商家扩大了消费群体，为其带来丰厚的利润。

微信会员卡可以说是一种虚拟会员卡，它是以二维码为基础的，融入会员制，渗透商家信息，给用户带来了极佳的体验。

微信会员卡有很多优势，首先是用户的参与方式很简单，

不需要烦琐的操作流程。更重要的是，它能够帮助企业吸引更多的新用户，同时很好地保持了老用户的忠诚度，为企业创造更多的效益和价值。

一般情况下，企业设置微信会员卡都会选择以下策略：商家设计海报，把公众账号的二维码印在海报中，通过海报主题的营销，用户可以扫描二维码，成为商家的好友，这样就可以注册成为他们的会员了，这种操作简单易实现。对不喜欢麻烦的年轻人来说，只需要拿出手机扫一扫，就可以避免很多烦琐的登记注册会员卡的手续，实现轻松而高效的应用。

微信会员卡是一种前景无限的营销手段，它能帮助企业大范围地传递品牌形象，增加新粉丝的数量，将线上与线下相结合，为企业创造效益。而且携带极其方便，根本不需要鼓鼓的钱包，也不担心会员卡遗失后补办的麻烦，只需要有一部手机，随时就可以享受尊贵的会员服务。

“玩”合作

现如今，企业选择任何单一的营销模式都是不明智的，合作才能共赢，微信营销也是如此。本节将以微信营销为基础，介绍一些其他的营销方式。企业可以根据自己的运营模式，选择合适的方式进行营销。

◆微信营销与微博营销

单纯从名字来看，微信营销与微博营销就像是一对孪生兄弟，它们既可以相互合作，也可以分开行事。从特性上来讲，微信营销注重的是与粉丝间综合性的互动沟通，而微博营销则注重信息的传播和体系化的运营。

微信营销是一种通过互动而传播的营销行为。微信营销的核心环节就是与用户直接沟通，而这也满足了微信上用户需要平等沟通的需求。企业公众账号被用户关注后，用户会下意识地认为这就是他的好友，从内心深处就已经产生了一定的接纳意识。同时，朋友之间恰恰能更容易地达成购买意愿。因此，微信营销的这种互动性对传播企业的价值是很有利的。

而微博营销更注重价值的传播，缺少了互动的环节。微博营销的核心是多种形式的传播。微博营销不是粉丝的营销、点评者的营销，它是企业的助推器，它的真正价值是让企业的营销力发挥到最大。

因此，企业在选择营销方式的时候要考虑自身的特点、达到的目的、目前阶段，等等，抓住营销方式的特点，利用微博进行传播，吸引粉丝，积累人脉，扩大企业的知名度。进而把粉丝转移到微信中来，利用微信进行沟通，取得用户的信任，传播产品及品牌。两者之间相辅相成，取长补短，优势互补，最终实现企业效益的最大化。

◆微信营销与短信营销

微信营销与短信营销有很多的共同点，例如它们都是在手机端上的营销，微信营销通过微信账号向用户发送信息，而短信营销通过短信向用户发送信息，它们的接收主体都是手机用户。从某种意义上，微信营销是短信营销的升级版营销模式。

在短信营销基础之上升级了的微信营销有很多优点，这是短信营销无法比拟的。

首先，微信营销更加精准，它可以清楚地定位到用户群和其所在的地理位置。但是短信营销却只能大致地猜测目标用户群的消费能力。

其次，微信营销推送内容不属于犯法行为，但是短信群发有可能触犯法律。

最后，微信营销是可以让用户参与其中，并进行互动的，但短信营销却是简单的消息告知，用户对收到的信息满不满意、用户还需要哪些东西、用户想要了解哪些内容，短信营销是不会有反馈的。对于短信营销来说，消息发出去，能不能得到反馈，得到什么反馈，什么时候反馈，发信息的群体很难得知相关信息。而微信就不一样，能友好互动，及时反馈，因此，对更进一步地开展推广和拓展相关活动，微信很明显是有效的。

◆微信营销与门户广告、视频营销

随着互联网的高速发展，门户网站渐渐成为人们投放广告的首选之地，但面对越来越高昂的费用和收效甚微的成果，企业不得不寻求其他便捷有效的营销模式，也因此而产生了微信营销、微博营销等投入少、效果好的新的营销方式。

其实从真正意义上来讲，门户广告算不上营销，它只是一种广告形式，属于单边广告信息的推送。但微信营销就不同了，它在营销的过程中，真正做到找一个共同的利益点，并巧妙地选定沟通时机以及确定沟通形式，将企业与用户双方维系起来。在这一点上，微信营销充分考虑了用户的实际需要，也把商品的实用性和价值体现了出来。除此之外，微信营销的成本很低，但是精准度几乎是百分之百，因为凡是能够关注企业公众账号的人，一定是对企业提供的产品和品牌有一定的认知度或者是想要有所了解的人，因此，这种推介模式就像朋友之间的沟通一样，是一种心理说服性的服务。这一点是门户广告无法做到的。

但我们不能说门户广告就是完全没有价值的，它的品牌展示功能还是不能忽视的，门户网站每天庞大的点击量会给企业带来一定的流量。企业在初期可以将这种广告的形式与微信营销结合起来，广而告之，就会取得一定的效果。

视频营销即用视频来进行营销活动。视频包含：电视广告、网络视频、宣传片、微电影等各种方式。

视频营销指的是通过在一些知名度较高的视频网站发布广告消息进行的营销推广活动。一般视频营销有两种方式：一种是在视频中加入广告；另一种是拍摄微电影或微视频，但这需要营销者有高水平的视频制作技能。同时，视频营销能否成功还需要有较高的提炼营销卖点的能力和对题材策划的把握能力。视频营销归根到底是营销活动，因此成功的视频营销不仅要有高水准的视频制作，更要发掘营销内容的亮点。视频营销具有很多的不可控性。但微信营销不同，它整合的是自有的老顾客以及一些新客户，微信的公众账号传播的内容、发送的消息、进行的客服和市场调研活动，成本是很小的，几乎可以称得上是零风险。

◆微信营销与病毒营销

所谓病毒营销实际上是指在互联网上，通过用户的口碑宣传，利用网民的主动性而在线传播，让某个带有广告信息的资讯像病毒那样扩散出去，并快速传到数以百万计的手中，从而达到网络营销的目的。这种营销的本质就是通过提供有价值的产品和服务，让大家口耳相传，通过别人为自己宣传。病毒营销是网络营销中最为独特的营销方式之一，越来越多的企业选择利用这种方式进行传播。

病毒营销就是利用网民的主动在线传播，让某个带有广告信息的资讯像病毒那样扩散出去，从而达到网络推广目的。

病毒营销有 3 个关键词：第一个关键词为“主动”。资讯开始时是广告主采用自己的人力或者物力放在网上的，但在通过引发网友进行观看之后，这个资讯却被每一个观看者自发转发给自己的朋友，此时，这条资讯就像病毒一样，主动寻找适宜人群在网络上传播。第二个关键词为“广告信息”。这个试图传播的资讯必须带有要宣传的广告信息。第三个关键词为“推广目的”。不带有推广目的传播不能算是营销。免费而且同时具有价值的资讯最容易为网民所接受，也最容易吸引网民主动向自己的朋友传播。附加的广告信息则是广告主想方设法宣传的品牌、公司的业务，没有这一点，也就失去了病毒营销的意义。总结一下：病毒营销是指那些鼓励目标受众，把想要推广的信息，像病毒一样传递给周围的人，让每一个受众都成为传播者，让推广信息在曝光率和影响力上，达到几何级增长速度的一种营销推广策略。

人们自愿传播的原因，是推广信息让他们感受价值：学到知识、得到好处、感受快乐！

目前病毒营销的方式有很多种，如 EDM（邮件促销）、QQ 群和论坛等。从某种意义上讲，微信营销的本质就是病毒营销，但它不是简单的病毒操作，也不是单纯的口碑传播。

微信营销更侧重的是信息本身。它所产生的口碑的营销效果只是其中的一个基本功能。与病毒营销相比，微信让用户产生的信赖感更强，因此口碑营销的渗透力、互动性也就更强。

以往，病毒营销传播是无目的的，只要你有邮箱，只要你有 QQ，就有可能收到消息，但营销的效果怎么样，有多少人点击了你的内容并完成了购买行为，这些数据都是无法统计的，那么营销的结果也就不得而知了。它的营销能量之所以强，主要是因为互联网群体非常庞大。而微信营销则不同，它的目标人群更加精准，推送的消息也更具目的性。就像这样的一个对比，你把广告发送到十万人的邮箱中，但广告被打开的概率可能不足万分之一，但是你给一千个人发微信消息，可以肯定的是，这些人能够百分之百收到，而且大多数会打开看一下，那么营销效果也就一目了然了。这也就说明，大海捞针式的营销模式注定会被精准的营销方式取代。

第5章

“微”风暴，微信营销在行业内的实践指导

所有的理论都是用来指导实践的，而所有的理论也都必须付诸实践。微信营销的效果如此强大，那么无论是传统行业、移动互联网行业还是电商行业，都会选择它作为自己的营销利器。不少行业为自己选择微信营销而暗自庆幸，并且津津乐道。

传统行业如何进行微信营销

传统行业与微信“联姻”已经是一种必然的趋势，如果单纯地死守着之前的营销模式，没有超前的眼光，那么市场最终会被竞争对手取代。一旦错过商机，就再也没有后悔的余地。

◆房地产行业：精准营销，与客户完美互动

案例

曾有过这样一个帖子：一位在房地产行业工作的人喜欢玩微信，经常会通过微信发送一些与自己业务相关的房源信息，甚至还将微信签名改成了精品房源信息，本来只是想作为尝试，没想到此举为他吸引了不少有意向的客户，甚至有的人一口气定下了3套房子。

这个信息的真假，我们暂且不做评价。它告诉我们，房地产行业的微信营销时代已经来临了。尤其是2012年12月，腾讯房产“微信买房”活动在北京丰台科技园举行，许多人慕名前来“扫码”，意向成交了60多套房，意向成交金额高达1亿

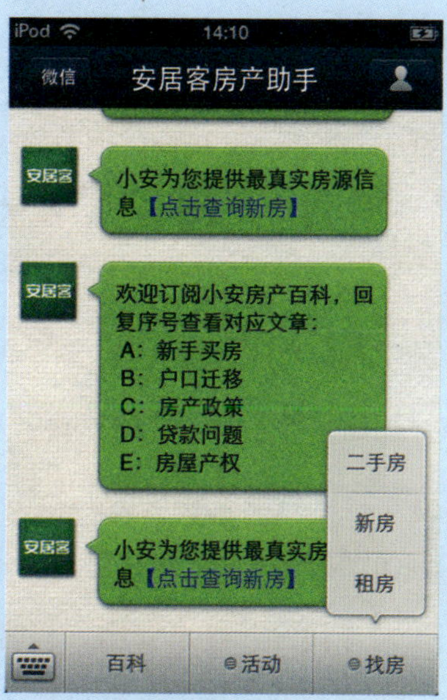

安居客微信平台是它唯一的服务账号。它的主要功能是百科、活动、找房。"百科"主要是即时推送帮用户想要了解的最新房产房贷政策，帮助用户轻松找房买房；"活动"功能让用户不受PC束缚，随时随地在线报名看房，同时参与线上游戏互动，以及查看楼盘的优惠信息等。"找房"功能则打通了Touch Web，新房、二手房、租房房源都可以在线同步查找。

元多。且不说这产生的 1 亿元是一笔多么庞大的利润，你只需要想想这样一种营销模式启动的低成本，就足以让自己怦然心动，跃跃欲试。

营销手段

手段一：取得关注是第一步

房地产行业微信营销的第一步和其他行业的营销没什么区别，取得关注依旧是第一步。首先要设置官方微信账号，设置相应的二维码，这样用户通过扫描二维码就可以关注它的微信号，可以接收到相应的房源信息。对很多用户来说，他们工作繁忙，很可能没有太多时间去积极主动地搜索需求房源，而相关房地产行业的微信营销则给他们节约了太多时间，带来了很大便利。

手段二：设置活动，赠送礼物

微信平台开通后，可以开展一系列活动，参加活动即有礼品赠送。在这一点上，万科菲丽郡做得就特别完善。用户只要通过扫描二维码或加微信号成功关注后，就可以享受一系列的权益，如赠送购物卡、咖啡厅的优惠券等。除此之外，它还与线下的主题活动相结合，广而告之，引发全城热议。

手段三：精准营销，与客户完美互动

微信营销精准度高，互动性很强，通过二维码联结线上和线下活动，使之能够更好地进行推广和互动。除此之外，“附近的人”以及“摇一摇”等功能都是销售人员不错的选择，这种精准的定位可以帮助销售人员开拓业绩。

“微”而告之

虽然不同的地产公司都会采取不同的模式进行微信营销，但依旧有共性可循。微信营销应用于地产行业的最大的优势是人多、范围广，能够精准地定位客户。而且微信公众平台还能为购房者和开发商搭建一个交流平台。

用户关注某地产的微信公众账号后，可以从中获取相关的

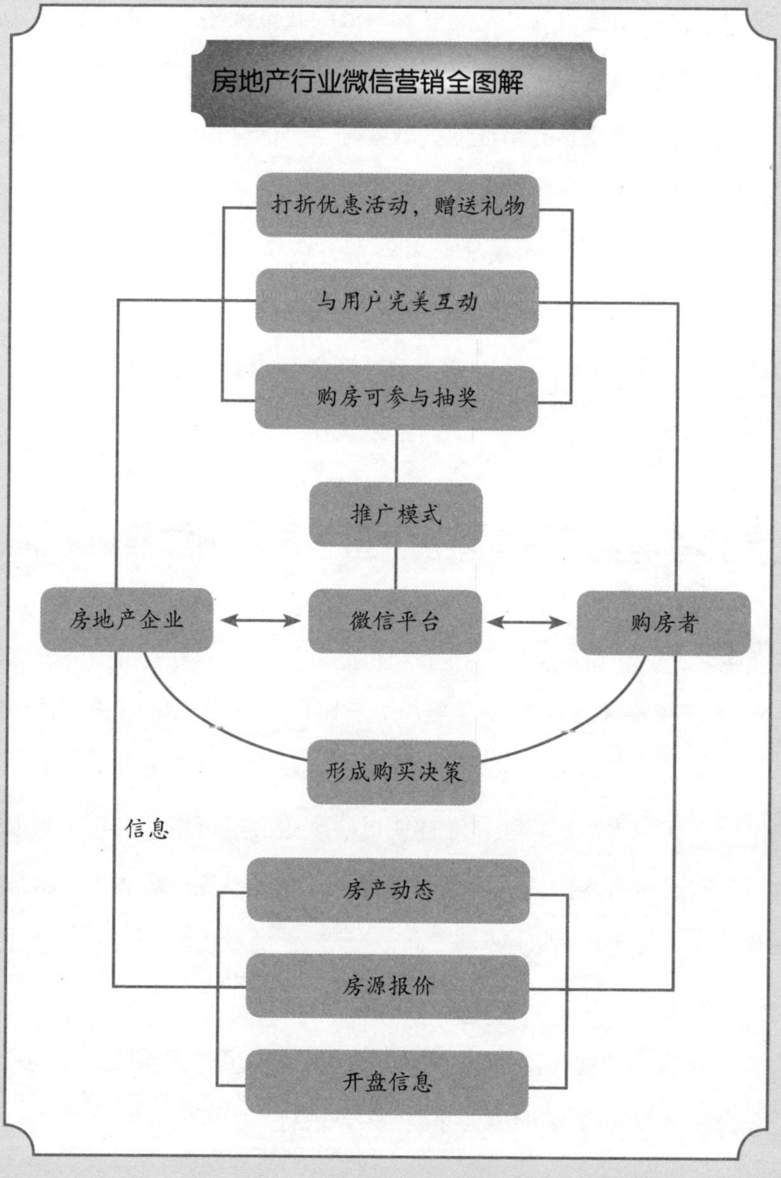
房地产行业微信营销全图解
打折优惠活动，赠送礼物
与用户完美互动
购房可参与抽奖
推广模式
房地产企业
微信平台
购房者
形成购买决策
信息
房产动态
房源报价
开盘信息

房源报价、新楼盘的开盘通知、国家的政策调整、打折优惠信息等。这是微信为购房者提供的最为便捷的服务。微信营销不是简单的广告营销，它高精准的人群划分、目标客户的定位以及一对一的沟通互动，可以帮助房产销售提高转化率。

但凡是想买房的人都会主动去关注一些房产动态和信息，因此微信营销的时候策划一些微信活动是必不可少的，除了节假日一些常规的促销手段以外，看房可获得精美礼品、购房可参与抽奖等形式的活动都是不错的选择。

◆餐饮业：口碑营销，开辟与用户沟通的新渠道

案例

目前越来越多的餐馆都开始采用微信二维码的营销方式，一般情况下，形式多为顾客在用餐的时候用手机扫描餐桌上的二维码，成为餐馆的粉丝，这样便可以享受会员价格、打折优惠或者是赠送饮料等待遇。以星巴克为例，在星巴克的概念里，微信代表着一种生活方式，因此，它更加侧重的是用户在身心疲惫、工作繁忙的时候，能够随时随地地进行放松。

正因为如此，“星巴克中国”的粉丝已经达到 40 万人之多，公众账号平均每天可以收到 2 万多条消息。

星巴克微信圣诞红杯活动

营销手段

手段一：微信星巴克自然醒音乐电台活动

添加“星巴克中国”为微信好友后，只需要发送一个表情符号，星巴克就会即时回复心情，并且可以让你即刻享有《自然醒》音乐专辑，获得专门为个人心情调配的曲目。

手段二：摇一摇给用户带来新体验

2012年8月28日—9月20日，星巴克推出了两款冰摇果莓沁爽系列产品，摇一摇就可以看到大颗的黑莓和整片的柠檬，给用户带来了前所未有的清爽体验。

手段三：维护客户关系，传递品牌形象

星巴克十分注重维护客户关系，尤其是当顾客离开星巴克

之后，星巴克微信还会发送贴心的内容与之进行互动，就像朋友之间的沟通，这种全新的体验会给顾客带来宾至如归的感觉，对传播星巴克的品牌形象有很好的作用。

手段四：利用节假日进行微信活动

2012年圣诞节前夕，星巴克推出了“魔力星愿12天”的活动，活动期间，关注星巴克的粉丝通过参与微信活动可以获得独家优惠，而且每天优惠的内容都是不一样的。这个活动取得了很好的效果，短短的几个小时之内，星巴克微信的公众平台就收到了30多万条消息。

案例

必胜客20款新品求摇爆

项目名称：必胜客20款新品求摇爆

推广周期：2013年5—6月

项目背景：必胜客又出新菜单了！为了把这个好消息第一时间传达给目标消费者，必胜客选择了HSMob，利用其强大的用户覆盖力，进行新菜单的海量曝光。

推广效果

曝光：必胜客品牌信息曝光超过1 300万次，顺利完成客户目标！

点击：42 万用户主动查看了必胜客的广告信息。

项目亮点：根据必胜客目标人群特点及前期测试结果，锁定 20 类媒体，进行 iPhone、iPad、Android 全渠道广告曝光（选择生活类、消费类、工具类、娱乐类、新闻报刊类、游戏类、视听类等 20 类媒体）。

HSMob 占据行业内 70% 的大众与强势媒体资源，全平台日均 PV 超过 3.7 亿，为必胜客提供了庞大的用户资源。

如果这两个案例不能让你怦然心动，那我们再给出一个很翔实的案例。请你仔细看看下面这篇成功案例——关于“传统餐饮业如何做好微信营销”。

传统餐饮企业正在借助移动互联网寻找他们下一个转型机会。

当用户的消费方式和注意力逐渐向移动端转移时，餐饮业的老板们也开始琢磨着如何利用这个平台和顾客形成互动，以提升业绩。

广州食尚国味集团是这个行业趋势下的一个案例。该集团在全国拥有 43 家门店的大型餐饮集团，全部员工将近 6 000 人。

近日，广州食尚国味集团信息中心总监郭春鹏在腾讯电商微生活会员卡新版发布会上向媒体分享了他的转型经验。

在郭春鹏看来，O2O 转型之路上，如果能用好移动端工具，无论是实现更精准的营销、提升消费的回头率或者是为顾客提供直接的客服服务，都很方便。

据郭春鹏介绍，企业目前共拥有10.5万名微生活会员卡顾客，其中有3.2万人变成储值会员。借助这个平台，企业淡季的营业额都高于春节旺季。

当利用产品后台对会员进行分类营销时，三个月时间内，微信帮一个白酒供应商卖掉了近60箱酒，而如果用传统销售方式，半年的时间也就只能卖16箱酒左右。

“微”而告之

微信自身可以获得周边用户的地理位置，利用这一特点，微信上附近的餐饮商家可以对自己的产品进行推广。

除此之外，商家最好能够在固定的时间段向用户推送信息，内容包括最新菜品、打折信息等。同时对新老顾客进行分类，区别对待，发送不同的信息，这是一种人性化的服务，既丰富了用户的用餐体验，还能帮助餐馆形成口碑效应，增加知名度。

餐饮业是受众极广的民用行业，打折活动是吸引消费者参与的最有效的办法。商家在线下进行策划和推广，在宣传海报上印上二维码和微信号，消费者扫描二维码添加关注，到店消费后，出示相关的信息可以享受打折服务。

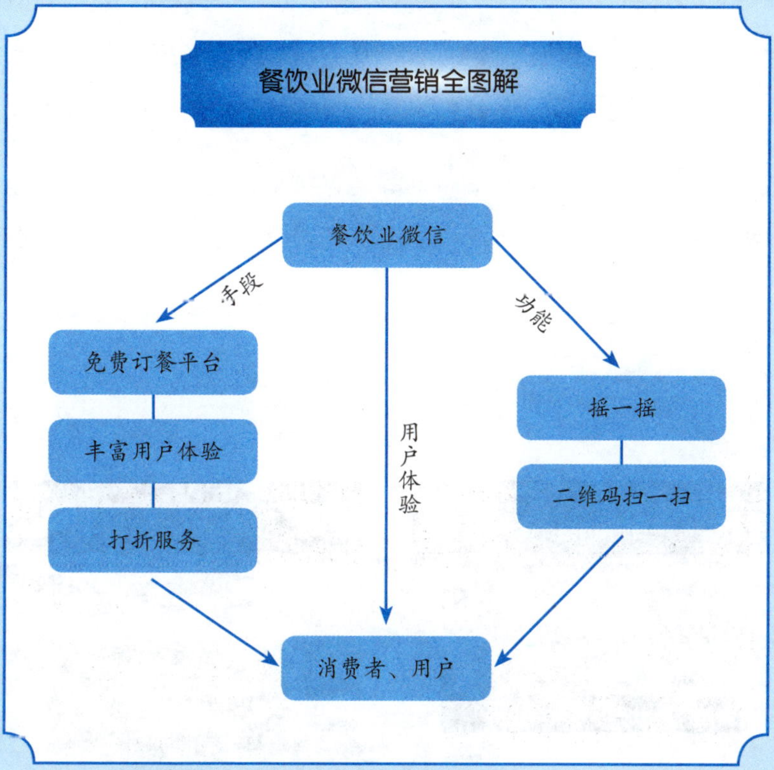

◆航空航天业：多功能智能服务，从机票销售开始

案例

2012 年 9 月 2 日，海南航空企业微信公众平台正式上线，用户只需要通过添加海南航空的微信号或者扫描二维码，即可成

功订阅海南航空公共平台推送的各种消息。如果遇到疑难问题，只需要发送一条消息，就可以根据提示得到相应的回复。

海南航空公众平台上线之后，一周之内就获得了 1 200 多个用户的关注，而且日均粉丝增长量达到 100 个人左右，平均收到的留言在 80~100 条。同时，海南航空与关注它的粉丝互动率也越来越高。

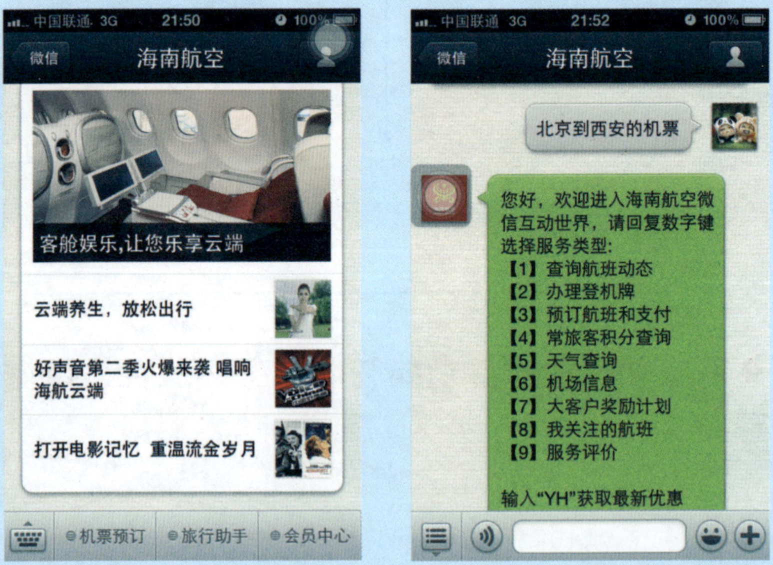

海南航空的公众平台可以提供多种智能化服务，如查询航班动态、办理登机牌、机场信息、天气查询等。

营销手段

手段一：准确定位，个性化的定制推荐

微信营销的第一步就是定位，海南航空微信营销之初就给自己确立了个性化定制的模式。让用户第一时间享受到全新的个性化服务。除此之外，一些飞行优惠和特权、便捷的海航五星服务都是吸引用户眼球的法宝。

手段二：就推广而言，营销内容精准

海南航空在微信营销之前，就对粉丝的喜好、旅客的需求等进行了一系列的调研。这些收集起来的信息为以后的活动设置、市场的促销、产品服务奠定了基础。海南航空在微信营销方面更重视的是有亲和力的、精准性的沟通表达。

手段三：重视互动，与旅客一对一的沟通

用户关注海南航空的微信后，就可以和它进行互动，通过回复对应的数字，可以体验全新的购票体验和服务流程，这种一对一的沟通让旅客更具主动性，有力地保持了旅客的忠诚度。

手段四：提高服务质量，不断进行口碑传播

海航的微信十分注重口碑传播，在海航看来，每个用户都是传播链条的主体。因此，他们不断地提供优质服务，提高信息的可信度，让用户口耳相传，帮助其推广品牌。

“微”而告之

航空公司在进行微信营销的时候首先要将其定位为高端服务的平台。一方面，可以通过微博进行形象宣传、航线机型信息的介绍、旅游指导等；另一方面，在微信平台上推送形式多样的信息，提供足够丰富的内容，一对一地服务于用户。

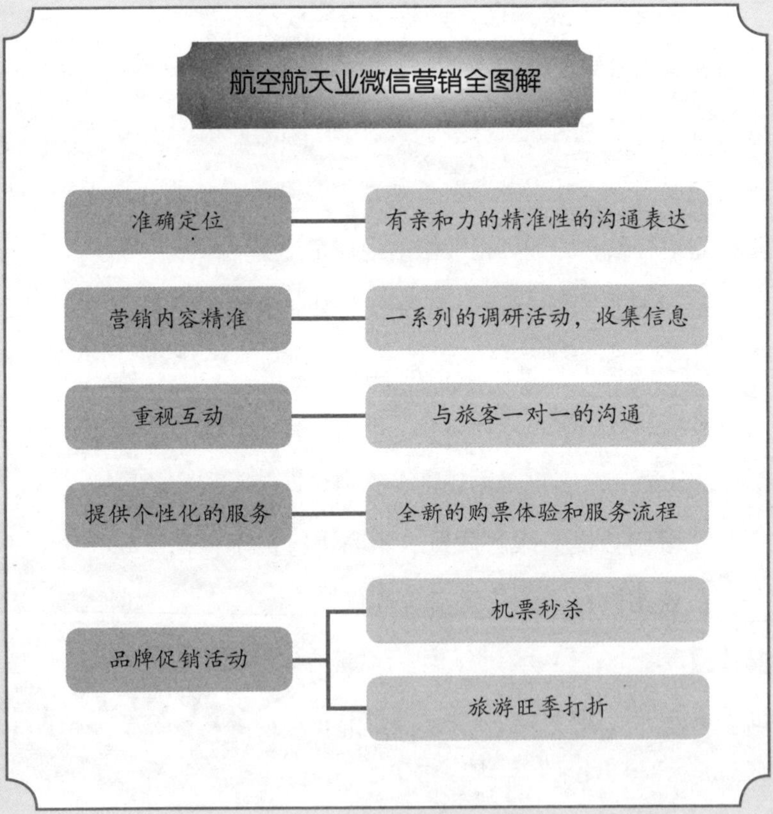

除了提供个性化的服务以外，进行一些机票秒杀、旅游旺季打折等促销行为也是必不可少的。微信网络平台的兴起给人们提供了便捷的服务，如足不出户办理值机手续等。目前，很多航空公司都开发了新的应用程序，如在官方微信上开设“机票预订验真”“城市天气查询”“登机查询”等。

航空公司的微信平台除了提供个性化的服务以及品牌促销活动以外，更重要的是要给旅客（或粉丝）提供更好的服务体验，例如机票的销售功能，为旅客的购票提供了更多、更快捷的选择。

总之，航空公司必须意识到，微信营销锐不可当，它不像微博营销那样基础薄弱，它所提供的平台是熟人关系下的社交，因此，不断关注用户的需求、扩大服务范围、提高服务质量是微信营销的重中之重。

◆旅游业：提高转化率，让微信营销成为“揽客”工具

案例

艺龙旅行网是国内领先的旅游网站，它在微信营销领域所取得成就也是可见一斑的。艺龙微信公众平台的订阅用户高达几

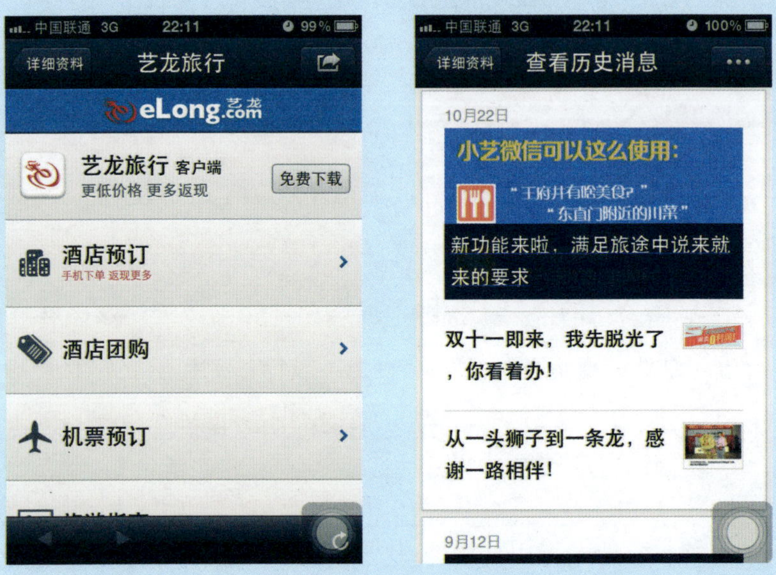

艺龙旅行网的微信平台有很多基础的可查、可订的功能，如机票查询和预订、酒店查询和预订，同时它还不断完善，增加了许多活动。

十万，对于旅行者来说，艺龙的微信账号是“说走就走的旅行之神器”。

艺龙微信公众平台既有可查可订的基础功能，还增加了许多热门活动，提高了粉丝对公众平台的兴趣。并且它不断与粉丝进行互动，强化了用户的忠诚度。

营销手段

手段一：精准的内容定位

微信是一个服务的平台，旅行网站的微信更是要为旅行者提供服务。基于这种定位方式，为了满足用户的基础需求，艺龙在公众平台上推出了休闲娱乐、生活服务、解决用户问题等多项业务。

手段二：线上线下相结合，提高用户的忠诚度

众所周知，艺龙网有很多的合作酒店、航空公司。它利用这一优势，在酒店门口、机场放置一些印有公众账号二维码的海报等，以此获得大量新用户的关注。另外，它在自建的多个旅行爱好者群内进行推广，取得了很好的效果。

手段三：搭建智能对话平台

通过艺龙网搭建的智能对话平台，用户只需要发送关键词，即可收到相关的信息服务。例如，用户发送“攻略”这一关键词，公众平台就会提供相关的旅游攻略、天气查询、列车查询等一些使用信息。艺龙网通过这种互动，也收到了不少旅客的建议，为其下一步的发展提供了指导。

手段四：有奖活动是工具

微信是一个优质的活动推广平台，它能够与粉丝进行一对一的沟通，因此在微信上推出一系列的有奖活动是必不可少的，

而宣传效果也是非同凡响的。

“微”而告之

近年来，旅游业的发展越来越迅速，任何企业和组织都不能无视旅游营销的作用了。随着互联网时代的到来，把微信作为营销工具可以说是一项十分明智的选择。

首先，对于旅游业而言，微信的最大功能就是吸引一些不确定的用户。在旅客接待中心、火车站、机场等地方，利用微信的一些功能，可以向这些不确定的用户发送一些实用信息，精准地推送广告。尤其对于一些周边的用户，效果是十分明显的。这种低成本的营销策略，既能帮助吸引新粉丝，还能激发用户的口碑效应，把广告传递出去，可以称得上是一举多得。

其次，旅游攻略是旅游营销中最有价值的内容。发布一些诗情画意的段子，配上景区精美的图片，这无疑是吸引粉丝的最有力的武器了。因此，旅游业的微信公众平台在制作内容的时候一定不能粗枝大叶，一定不要频繁地推送广告或网上复制的段子。此外，增强与游客的互动性也是必不可少的。

最后，设置活动，引导用户积极参加，提高用户的活跃度也是旅游业微信营销的策略之一。但微信活动不是凭空想象的，前提一定要进行市场调研，了解用户的喜好，如果可以，还要在

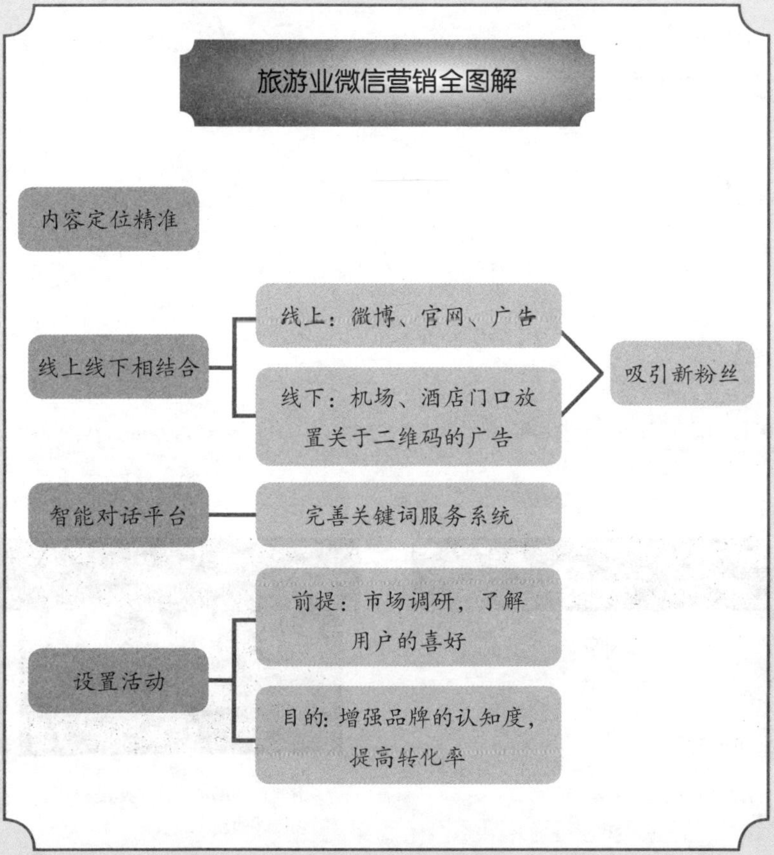

微博、线下广告等多方面进行推广，这样活动才能够取得预期的效果。总之，旅游业微信营销是以增强品牌的认知度、提高转化率、服务于大众为最终目的的。

◆酒店行业：找准定位和目标，让微信营销更具针对性

案例

2012 年 11 月 12 日，布丁酒店的微信客户订房功能正式上线，它是第一家与微信系统直接联系的酒店。截至 2013 年 1 月，布丁酒店的微信公众平台的订阅者超过 25 万，每天的会员增长约 5 000 人，平均每天的订单约 200 个。仅 3 个月的时间，布丁

布丁酒店是第一家与微信系统直接联系的酒店。

卡就获得了 10 万人以上的用户，新用户通过微信公众平台的下单比例超过 12%，每天通过微信带来的订单比平日增加一倍，就这一点而言，它就远远超过了布丁酒店最初的预期。

营销手段

手段一：多种方式联合推广

微信营销火了，但并不意味着它是唯一的营销手段。在线上，布丁酒店并没有放弃原有的如微博、人人网、官网等营销平台；在线下，各个酒店的大堂、电梯都能看见它的微信二维码，甚至客户端的创优贴都上线了。可见，为了微信营销的全面推广并取得预期的效果，布丁酒店已经是无所不用其极了。

手段二：活动传递能量

举例来说，2012“末世末日说”被炒得火热，布丁酒店以此为契机，在微信客户端上推出了“抢占 2012 避难点（免费房一晚）”的活动。这个活动推出后，经过微信、微博、官网等进行宣传，参与人数多达 2 万人，新增会员多达 6 000 人。由此可见，如火如荼的活动是传递能量的很好手段。

手段三：查找“附近的人”与用户进行互动

布丁酒店的营销效果能如此显著其实是得益于微信的“附近的人”功能，微信的这个功能会为用户推荐其所在地理位置附近的许多酒店，这对用户来说，其实起到了一种引导作用，它能够引导用户申请会员卡，甚至是预订酒店。

“微”而告之

酒店的微信营销首先要知道自己要做什么。目前我们可以看到很多营销内容无非是心灵鸡汤类、广告发布类、案例分享类等，实际上，这种营销内容是毫无价值的，设置还能会让用户产生反感。因此，酒店在微信营销之初要做好内容的规划，

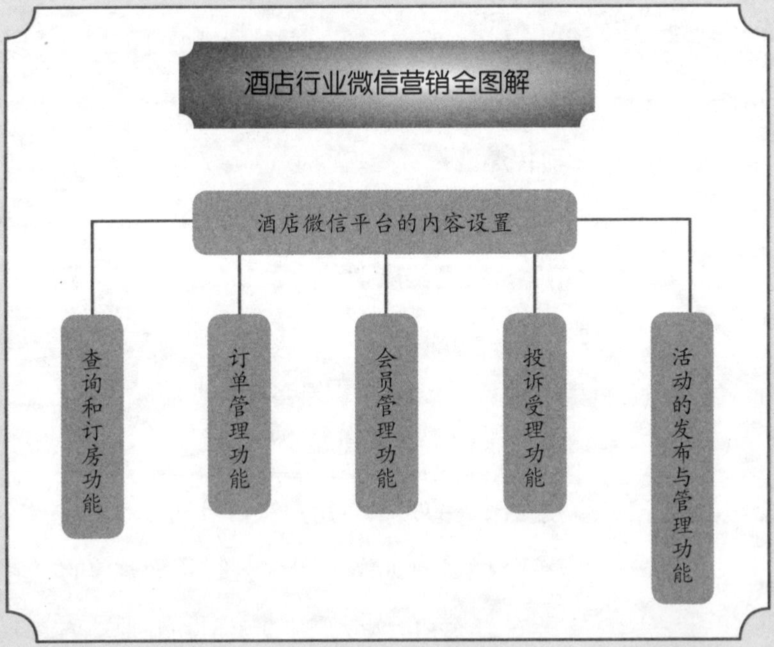

要对内容进行深度的挖掘，精细构思，而不是单纯推送广告、笑话百科等。微信平台发布的所有内容要围绕“对用户有价值”这一宗旨，因此在内容设置上要考虑以下几个方面：一是基本的查询和订房功能；二是订单管理功能；三是会员管理功能；四是投诉受理功能；五是活动的发布与管理功能。

功能设置好之后，就要想方设法让用户知道。与其他行业的营销无差别——把各种宣传单（附带二维码）放在容易被用户发现的地方。为线上的会员提供一系列的主题活动，策划有特色的产品，与客户及时沟通，不断改善和完善服务意识。

前期工作做好之后，如何留住客户就成了微信营销的重要问题了。这一点其实也很容易做到，无非就是策划一系列的奖励措施，如积分奖励、产品打包优惠、特定渠道的特殊折扣等。总之，只要是让用户有新鲜感并能保持活跃度，那么就能很好地维护用户的忠诚度了。

◆图书等传统出版行业：提供品质服务，分享阅读快乐

案例

天翼阅读是目前最受欢迎的数字阅读平台之一。目前，在

此平台上，汇集了200多家合作商的几十万册的图书、杂志、漫画资源。天翼阅读平台分类明确，包括时尚生活、人文社科、经管励志等多个品类，它提倡阅读改变生活，倡导有品质的阅读。

目前，天翼阅读微信平台也已经上线，用户可以随时随地阅读时下最流行的畅销书、经久不衰的常销书，在分享阅读快乐的同时还能进行个性化的互动。此外，最受用户喜欢的还是它的个性化图书推荐的功能。

天翼阅读最受用户欢迎的是它的个性化图书推荐功能。

营销手段

手段一：网络阅读更需要个性化服务

如今，电子书如雨后春笋，让读者应接不暇，要选择一部合适的电子书似乎也变得越来越困难。天翼阅读微信公众平台提供了个性化推荐服务的功能。这一功能是在微信自动回复的基础之上，设置关键词，当用户向公众平台发送某些关键词的时候，如“言情小说”，公众平台就会自动匹配出相应的书目，并提供试读的功能，方便又快捷。

手段二：一对一推送特别的资讯

天翼阅读微信平台会不定时为用户推送一些书籍信息，如封面、内容简介等，设置包括最新流行、最新上线的小说、杂志。除了这些相关的书籍信息以外，天翼阅读微信平台还会发布一些最新的优惠信息、行业动向等，这就给爱书的用户打开了一个了解图书资讯的通道。

“微”而告之

移动互联网的快速发展使传统的出版行业受到了很大的冲击。这是一个“狼来了”的时代，出版行业如果不采用一些新的营销手段，依旧一味地闭门造车，必然会落得失败的下场。而微信为图书业的发展打开了新的营销思路。

微信为图书行业的发展提供了更多的内容推送渠道，帮助其获得更多的读者信息。在微信营销之初，首先要做好定位并获得官方的认证。定位是关键，认证可以让读者产生信赖感。

图书是一种标准化的商品，非常适合使用二维码。目前很多出版商都在微信或微博上标出了相关图书的二维码，甚至在纸书上我们也能经常看到。对于出版社或图书公司来说，在图书产品上印上二维码，可以帮助其吸引更多新粉丝的关注；对于读者来说，二维码可以帮助他们获得更多延伸阅读的内容。对双方来说，都是互惠互利的。

图书是一种精神产品，出版社或图书公司在推送内容的时候切记不可烂俗，提供高质量的内容是关键。另外，推送的频率和时间也要固定，不要给读者带来负担。

◆草根玩微信：社区水果店 日营业额过千

案例

前阵子，网上有一个“微信卖水果，月利润 4 万”的例子广泛流传。在日常生活走向互联时代的今天，相似的经营案例比比皆是。稍加总结你会发现，他们的成功完全可以复制。

营销手段

手段一：充分利用“附近的人”功能

坚持每天主动添加附近的人为好友，在备注里面加个标志，以区分目标客户，然后再通过别的途径进行营销。那么，如果这样坚持一年，你的好友数量——潜在客户数量将会非常惊人。

手段二：坚持每天发朋友圈

促销广告，或者是销售信息是一般小店常规的发送内容。若能按照社区内住户特征确定一些主题：与客户间的新鲜事、小区周围新鲜事、水果与生活、新品播报与产品展示等，然后规划好不同主题下每天发送的时间、次数和内容，则令你的推送内容不再那么“功利”，而是更周到地服务于客户，这反而会带来更多的销量。

如何与社区物业和业主更好地互动，应是商家思考的关键所在。

手段三：收费送水果带来大惊喜

周围的人看到他们圈子分享的时候会有购买冲动，很多老顾客也会定期不定期地通过微信订货，方便也省事，这就出现了送货的问题。送货业务不稳定，比如节假日或者天气状况不好，都会影响网上订单量，而且让店里的人送货，店员又不太情愿。案例中的做法是，每次送货收费 4 元，跟停车费差不多，如果是

5 元可能又会让顾客觉得有点多。店主每次都会故意提醒客户，要“合理利用”好送货费，别浪费（一根香蕉和几十斤水果都是一样的送货费），现在的客单价竟然比原来翻了将近一倍！

从经济学的角度来看：顾客为了“精打细算省成本”，每次都会多订一些，这样他们可能觉得 4 元钱送货费没有白花。一旦有了钱的激励，员工的积极性就调动起来了，可以以更好的态度服务顾客。

“微”而告之

1. 精准的目标客户。

刷地址的时候加上的粉丝，一般都是比较有效的目标顾客。

2. 做实用的分享。

粉丝与你的互动是价值共创的途径，引导粉丝建立特定联系，如社区新鲜事等，这样可以达成持续的沟通和互动，引导粉丝成为客户。

互联网行业如何进行微信营销

微信是移动互联网时代的产物，它有着自身的优势特点和用户体验平台。而精准推广时代的到来则意味着微信在其基础上发展起来也必然是要为其服务的。

世界营销大师克里曼特·斯通早有结论：“未来的营销，不需要太多的渠道，只要让你的产品进入消费者的手机，就是最好的营销。”

◆地方门户网站：提供讯息，打造智能化服务平台

案例

2013 年 3 月，东北网官方微信公众平台正式开通。它的宗旨是“关注重大新闻，关心社会热点，关爱民生细节”。因此，在它的公众平台上，用户每天都可以接收到最新的国内热点新闻、最新的本土新闻以及实用的民生信息，用户可以随时把握黑龙江的动态。除此之外，公众平台还推出了百姓互动平台，用户既可以提意见、提问题，也可以爆料新闻。同时，公众平台还不

东北网官微的宗旨是：关注重大新闻，关心社会热点，关爱民生细节。

定时地与用户互动，推出各类活动，但一切都是以民生为根本、以服务百姓为理念的。

营销手段

与其他行业的微信营销没有太大差别，东北网官方微信也是通过发布有价值的消息、策划一系列的推广活动来进行营销的。

首先，做好定位，确立好服务宗旨。在此基础上，微信推送的内容要满足人们了解重大新闻的欲望，但更重要的还是让人了解本地的各种信息，真正把官方微信打造成具有本地特色的生活宝典。

其次，开展一系列的活动，吸引本土居民的关注。

最后，与用户及时互动，帮助用户处理和解决遇到的困难和问题。无论什么样的问题，都会由客服帮助解决。

“微”而告之

地方门户网站与传统的门户网站不同，它更倾向于本地互联网生活与消费圈，因此，门户网站的微信平台不应该只是推送消息，同时还要注重与线下商圈的互动。

1. 服务信息本地化，注重表现百姓人文特色。

地方门户网站的官微无论是策划活动还是推送消息，都要具有本地特色，一切以提供有价值的本地服务为宗旨。想要吸引用户的关注，就一定要结合本地人生活的方方面面，挖掘大众化的老百姓喜欢的话题，这是融入地方网民生活的手段。同时还要与商家、消费者、企业进行全方位的互动，了解消费者的需求，并为商家提出解决方案。

2. 推广要有力度。

一般情况下，地方门户网站的受众都是本土的居民，要比传统门户网站的受众少很多，因此，想要更多地了解并加入其中，就要进行有力度的推广，如邮件营销、微博营销、本体论坛、贴吧等，凡是能让用户看到的地方都要广而告之。

3. 活动不能少，凝聚人心很重要。

大部门地方网站的内容都包括生活、娱乐、教育、商业、特色产业等，因此活动策划很重要。活动是凝聚人心的最好办法，它可以帮助凝聚老用户、结识新用户，并拉近老用户与新用户之间的距离。再者，要及时了解用户的喜好，策划一系列线上

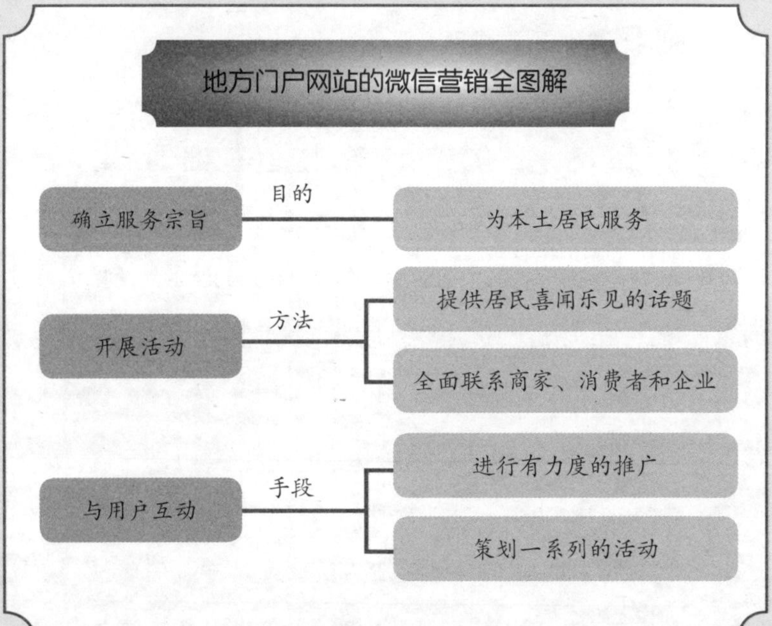

和线下活动，将线上的优惠活动转化为线下的实际购买，从而获得利润。

◆视频网站：终端多样化，视频可以“走着瞧”

案例

优酷是国内最主要的视频来源，它在 PC 端创造了最优、最酷的视频体验，在移动端还保持了领先的市场份额。优酷微信公

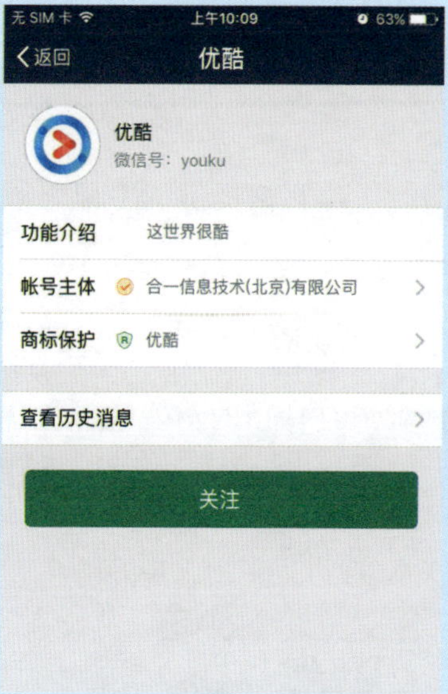

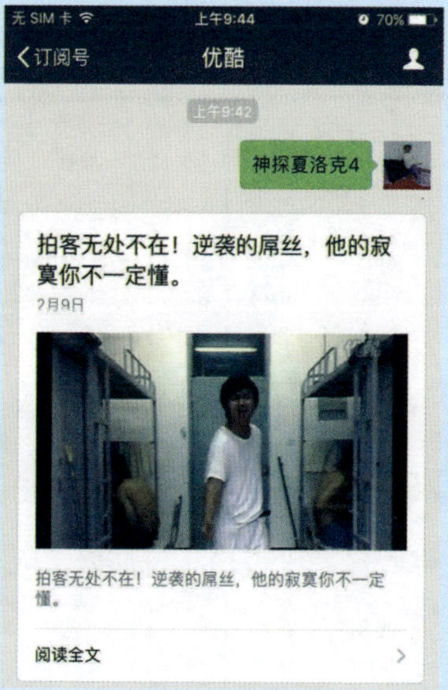

优酷微信公众账号开通了视频点播服务功能，为用户提供了全新的观影模式，从此视频可以“走着瞧”。

众账号开通了视频点播服务功能，为用户提供了全新的观影模式，那就是视频也可以“走着瞧”了，而获取视频的方式也变得更快捷了，用户只要输入想看的视频，不管是MV、电影或电视剧，公众平台都能精准地提供视频播放的画面，用户只需要直接点开，播放就可以了。

营销手段

如今人们的生活已经进入快速化的时代，因此任何媒体，只要是能够给人们提供便捷服务的，都会受到欢迎。优酷可以称得上是开通微信视频点播服务的先驱，它让随时随地的观看视频成为可能。它的营销手段主要有：

首先，提供多渠道的观看体验。优酷官微提供了一种全新的视频观看方式，把人们从电脑前解放了出来，无论你是在乘坐公交车，还是在旅游过程中，都可以随时随地观看视频。

其次，视频点播功能是优酷官微最具特色的功能。用户只需要直接与公众平台进行对话，输入自己想看的视频名称，就可以获得一个可以直接播放视频的页面，你再也不需要去官网手动进行搜索了。

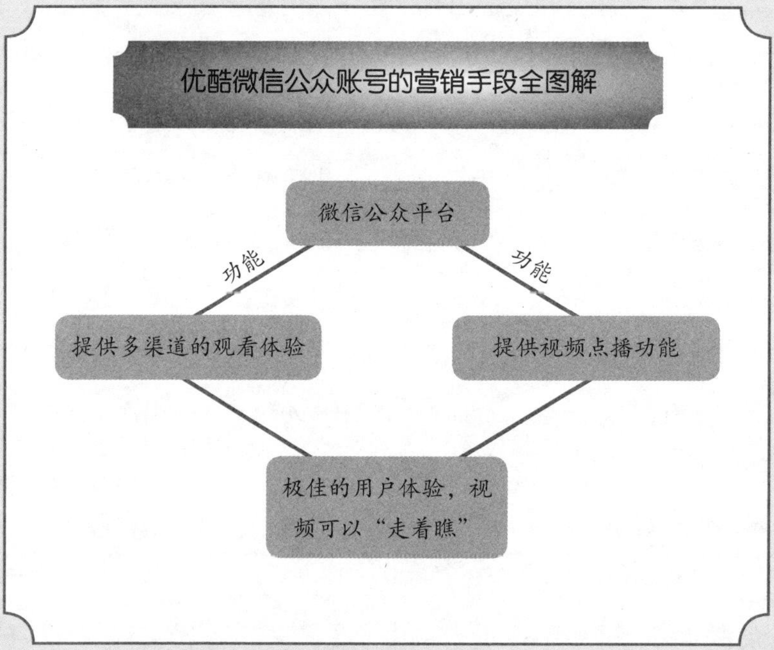

“微”而告之

视频网站是为用户提供他们所需要的视频服务的，如今移动社会化与视频之间的碰撞愈演愈烈，多屏联动、便捷地观看视频成为许多人的目标需求，而视频网站营销的基础也在于此。

首先，视频网站的公共平台要不定期地向用户推送精彩的视频，并不定时地发布视频的更新信息。而派发优酷院线的优惠券也是保持老顾客忠诚度、增加新客户的很好方法。

其次，互动是王道。互动的第一步就是开通视频点播功能，让用户可以通过对话的形式直接与公众平台进行互动，输入需要的视频或者提出他们的需求。通过与用户的互动，公众平台不断丰富服务内容，为进一步完善自己提供思路和解决办法。

总之，无论是哪个一个视频网站的公众平台，在营销之初都要对用用户群体进行研究分析，在分析的结果之上，建立一个与用户互动分享的平台，从而帮助增加用户的忠诚度，将潜在用户转化为真正的用户，同时也将新用户转化为核心用户。

◆音乐网站：打通客户端，线上线下齐参与

案例

酷我音乐官方微信开通以来，为了满足用户随时随地听音乐、分享音乐的需求，它们将许多主流的互动平台整合在里面。在公众平台上，用户可以搜索歌曲、搜索歌手，还可以同时搜歌曲名和歌手名。如果用户收听了“酷我音乐潮流志”和“酷我娱乐影音志”的话，还可以随时点播自己喜欢的歌曲。

营销手段

音乐网站的微信平台是服务于每一个喜欢音乐的人的，因

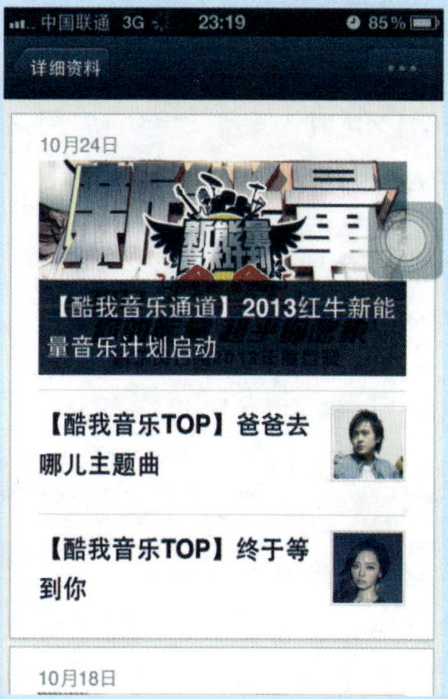

关注酷我音乐官方微信，可以随时点播自己喜欢的歌曲。

此完善搜歌、荐歌功能，打造一个移动音乐生态系统就显得尤为重要了。

首先，酷我音乐在完善整合资源的基础上，探求用户需求，打造成了一个有价值的音乐分享平台。

其次，酷我官微的搜索方式也是多样化的——提供多种搜索逻辑，用户在此基础上可以查看最新的流行歌曲以及歌坛信息。

最后，在分享平台中增加新成员的微信分享，这样用户就可以把音乐分享给好友，或者分享到微信朋友圈，这无疑是增加粉丝的最有效方法。

“微”而告之

随着移动互联网的发展，微信已经成为最受欢迎的应用之一了，而对于音乐网站来讲，微信公众平台必然会成为其移动音乐生态系统的组成部分。因此，微信公众平台要不断完善搜歌的功能，同时也要在移动客户端上下足功夫。

1. 搜歌功能智能化，打造方便快捷选择自由的搜歌平台。

在这一点上，QQ 音乐的公众平台就做得非常完善，用户在对话框里输入自己想要的歌曲名或者歌手名，公众平台就会立即匹配出 4 首相关的歌曲，用户点击后可以立即试听，同时还可以点击查看更多内容。

2. 功能选择丰富化。

目前很多音乐公众平台都会为那些“懒得选择”以及“选择综合征”的用户提供方便的功能选择，如 QQ 音乐的“随便听听”功能、“精选专题”功能（音乐编辑精心策划的专题歌单）等。

3. 线上线下齐参与。

线上不断地与用户互动，提供丰富的歌曲资源和方便快捷的功能服务，线下更要策划一系列活动来吸引用户，例如免费抢票活动、首发专辑活动等。

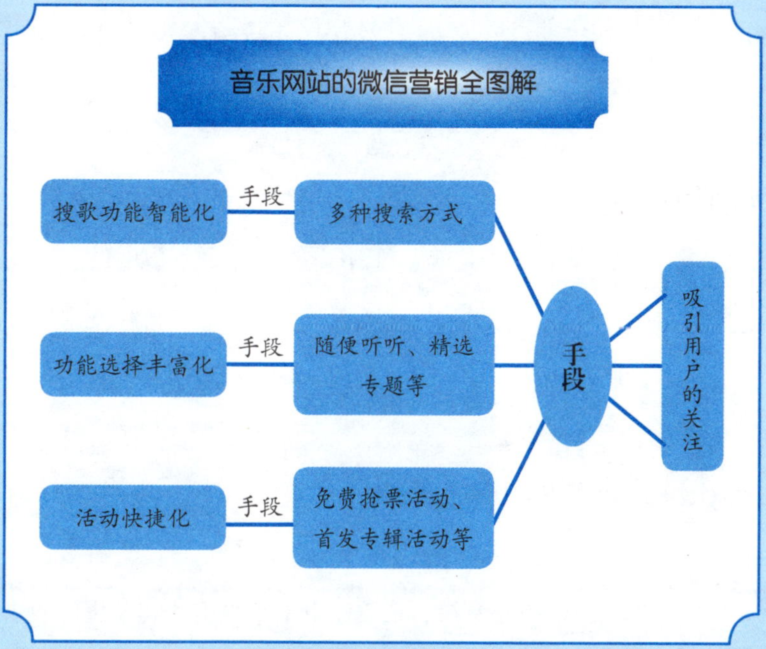

◆汽车网站：人性化服务，汽车资讯一手掌握

案例

爱卡汽车网的官方微信自 2012 年 8 月开通以来，到目前约有 15 万粉丝。公众平台每天都会向用户播报最新的汽车资讯，同时还经常与用户进行互动，策划一系列的小游戏，参与活动即可赢取奖品。而用户如果在购车、用车的过程中遇到问题，也可

以通过公众平台进行咨询，一般情况，官微都会在下午 3:00—4:00 点集中回复这些问题。

营销手段

汽车网站是服务于广大汽车用户的一种服务型网站。因此它的公共平台应当以提供人性化的服务为基础，全方位地提供汽车资讯，让用户微信在手，驾车无忧。爱卡汽车网的公共平台营销手段有以下几个方面。

首先，以实用的信息引导人。

爱卡汽车网的公众平台依托于用户，了解用户的需求，每天提供的是最新的汽车资讯，在这一点上牢牢地抓住了用户的心理，不管是已经购车的用户，还是准备购车的用户，都能从中找到他们想要的汽车资讯。

其次，以实用的游戏吸引人。

微信营销想要保持用户的忠诚度，经常互动是关键。用户参加爱卡官微的活动即可得赢取奖品，这是吸引粉丝的关键。试想一下，有谁愿意去订阅一个每天只推送广告，与用户从不进行互动的公共平台呢？除此之外，经常性的有奖互动活动还能增加用户的活跃度，既能帮助网站提高知名度，还能让用户得到实惠，可以称得上是一举两得。

最后，以实际行动帮助人。

收集用户在购车、用车过程中所遇到的问题，并进行集中回复。一方面，可以让用户对公共平台更加信任；另一方面，用户实际遇到的这些问题也是企业日后进行工作的指南。

“微”而告之

汽车网站在进行微信营销的时候，既要参考其他行业的共性问题，也要结合自身的特点，具体问题具体分析，找到真正适合自己的营销模式。

1. 定位：用户身边的汽车顾问。

微信营销，定位很重要。汽车网站的公众平台就是要为关注它的用户服务的，因此，一定要把自己打造成用户身边的汽车顾问。除了每天推送相关的问候之外，还必须做到，当用户想要了解信息的时候，就一定要让他知道。例如，当用户通过对话框输入某汽车品牌的时候，就一定要将该品牌的基本介绍以及旗下的车型全部展示出来。除此之外，如果用户只想随便看看，没有特别想要了解的品牌或车型，那么他只要输入新车，就能获得当月上市所有新车的相关信息。

2. 价值：可以随时提供最新、最全的信息。

信息是否全面、是否有价值也是用户是否愿意关注你的重要筹码。汽车网站的公众平台在向用户推送消息的时候一定要做到全面，受众群广泛，需求就会多样化，因此，除了提供基础的汽车讯息以外，购车优惠信息、免费试驾信息、二手车评估信息、汽车保养技巧等也应当是必不可少的。另外，一些汽车改装类、自驾游类的热门帖子也会比较容易吸引用户。总之，一定要做到只要是用户需要的，就一定能在官微中找到。

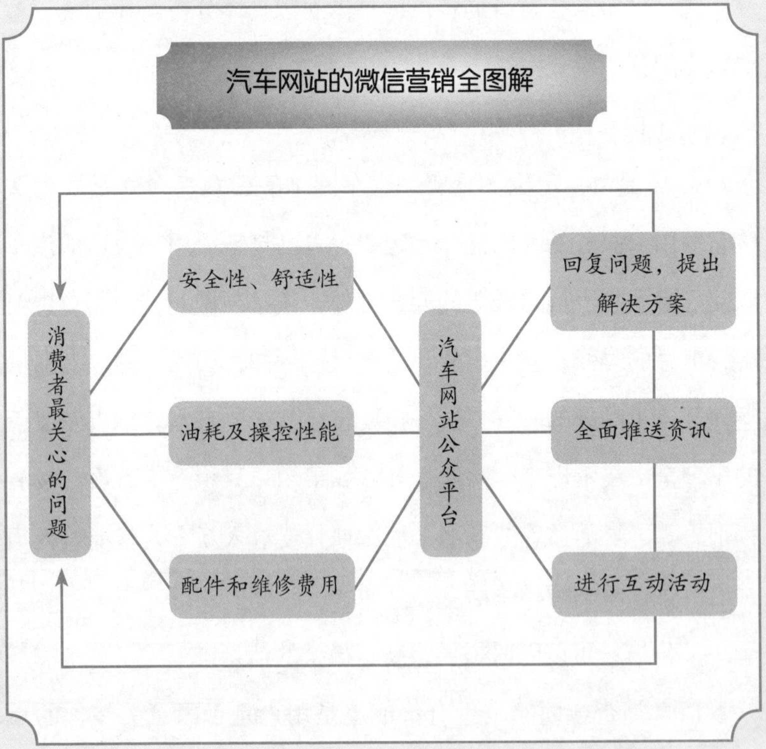

3. 手段：互动、营销一个都不能少。

活动是吸引粉丝的关键。通过一系列的活动让用户获得真正的实惠，也是保持粉丝忠诚度的手段。一些行之有效的活动有免费试驾体验、购车优惠活动、免费汽车美容保养、参与活动即有机会获得加油卡等。

总之，汽车网站的公共平台一定要真正做到为用户提供最权威的行业信息、最有用的汽车资讯、最精准的购车指南以及最贴心的用车服务。

电商行业如何进行微信营销

随着微信的商业化，电商的宣传模式也发生了改变，渐渐地从博客转战到微博，再由微博转战到微信。越来越多的电商开始重视与用户的互动性，而微信恰恰提供了这样的一个平台。

电商企业做微信营销有天然的优势，拍照、设计、客服等体系化流程都是现成的，热衷网购和热衷玩微信的，差不多是同一群人。现在杭州微信公众号中，最牛的是蘑菇街，粉丝是几十万数量级的，其他行业的企业，关注人数都只为几百人到几千人之间。

以奥迪 Q3 为例，该公司新车上市时，通过微信做过一次市场调查。“是第一辆车还是第二辆车、多大年纪、买给谁，通过微信可以很快收到潜在用户的反馈，而且这样的沟通是完全个性化的；我们把车子性能拆成 11 个特点来做有奖竞猜，就可以知道用户的关注点在哪里，再以合适的时机将用户引流到线下。”

因为“圈子经济”的存在，微信朋友圈也成了商家追逐的目标。“比如我们新车的目标客户是年薪 50 万元左右的人群，这批人周围的朋友也多是这个层次的。我们就通过策划活动让用户把相关信息发到朋友圈里，达到 10 个评论的，可以赠送车模，通过二次传播，目标客户大大扩大了。”

再举个例子：一家女装网店近 1/3 的衣服在微信上成交。

如果说目前大多数公司都只是利用微信自有功能的“借题发挥”，那么杭州某知名服装品牌无疑是业内超前者，他们利用软件将微信做了二次开发，直接把网店搬到了微信上。

2012 年年底，这家网站就把二维码挂到了天猫旗舰店的首页上，扫描二维码即可进入微信公众账号，乍一看，是一个与手机淘宝相似的页面，但是在这里购买，价格可以获得一定程度的优惠，支付时只要在购买页填入姓名、手机号、银行卡号，再输入验证码，就可以直接完成付款。

据透露，上线不到半年，这家店已积累了 5 万人左右的粉丝，目前微信网店的销售额占到了网店总成交量的五分之一到三分之一。

总之，对流量为王的电商企业来说，利用微信的出色交互功能，促进“亲们”的多次购买，是省钱又靠谱的做法。

未来把官网搬到微信上？

建立微网站的并不止上述女装电商一家。目前，杭州就有家政、美甲、餐饮、健身等多个行业的企业建立了微网站。著名电商——凡客诚品，也已经实现了微信上的支付功能。

App 可以实现的功能，微网站差不多也可以实现，除了常规的图文介绍，还可以搜索、购买、团购、订座、打车……相当于把企业官网搬到了微信上。

从目前来看，微信的平均在线时长已经是微博的两倍，而且微信可以打通安卓、IOS 等平台，开发成本也较低，未来很有可能会成为移动互联网时代的入口。

◆B2B 网站的赚钱之道：整合资源，完善产业链信息

案例

39 会员网是一个致力于老年产业会销领域的综合门户网站，它是一个大型网站，集搜索引擎、新闻商业资讯、论坛、博客、微博、B2B 于一体。该网站每天都会不间断地更新行业内的最新信息。2012 年 11 月，39 会员网的微信公共平台开通，几个月的时间，它的粉丝数就从 500 个增加到 6 000 多个，每个月为网站创至少 20 万元的净利润。

营销手段

39 会员网的官微可以称得上是微信商业化的典范，它既为

企业传播产品和品牌，同时还带来销售额的巨大增长。那么它的运营方式究竟是什么呢？

手段一：采用各种方式提高微信公众平台的知名度

企业有了微信账号，如果不进行推广，那么所有的微信营销都将是失败的。39 会员网在建立微信公众平台之初就意识到了这一点，因此，它不断地通过线下的活动来进行微信账号的推广。例如，与代理商在线下开展交流会，并向代理商推广微信账号，吸引代理商的关注，从而使他们成为 39 会员网的粉丝，为下一步微信营销做好充足的准备。

手段二：在推送的内容上做文章，以帮助培养用户的习惯

培养用户习惯很重要，这是增强用户黏度的基础，因此，这就需要在推送的内容上做文章了。39 会员网充分考虑到代理商的时间和精力问题，尽可能推送一些有价值的行业资讯，而且每天发送的条数不超过 6 条。

手段三：互动很重要，服务是第一位的

39 会员网在微信营销上的亮点是：除了每天推送有价值的信息以外，更注重与用户互动，帮助用户解决实际问题。用户不管遇到什么问题，反馈到 39 会员网的官微上，都会第一时间得到解答和帮助。

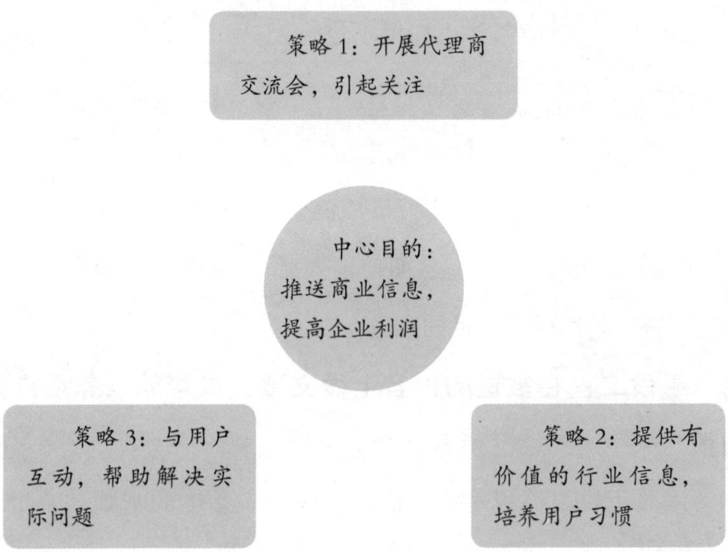

会员网的营销策略全图解

“微”而告之

目前，B2B网站优秀的微信平台有很多，如阿里巴巴、慧聪网、科通芯城等。虽然他们提供的内容不同，但在微信营销中，取得的成果和经验还是有章可循的。

1. 做好定位，把自己打造成一个服务平台。

微信营销之初，企业都应该在内心深处树起一个标杆，那就是：我的企业是做什么的？我是为谁服务的？我的受众群有哪些？我要达到什么样的效果？企业微信营销应当把自己打造成一个服务平台，打破传统的多对多的沟通模式，和用户一对一地交流，了解用户的需求并提供相应的解决方案，提升服务用户的运营效率，增强用户体验。

2. 线上线下齐推广。

公众平台在建立之初并不会受到太多用户的熟知和关注，没有粉丝，营销就无法进行，因此，推广就显得尤为重要了。线上利用微博、官网发布消息，将原有粉丝转移到微信上，然后再利用这一群人逐步向外传播，不断吸引新粉丝；线下经常与厂商、代理商沟通交流，向他们推荐公众平台，吸引他们成为公众平台的粉丝。

3. 活用微信自身的各种功能。

微信有很多强大的功能，这些功能可以成为企业进行微信营销的重要手段。而且 B2B 平台不同于 B2C，它重视的是与客户协同的过程。这样的话，微信作为一个客户基础庞大的沟通工具，利用自身的功能，搭建一个“微信营销和服务平台”就容易多了。

4. 推送的内容要更有价值。

无论是 B2B 的微信营销，还是其他行业的微信营销，如果每天提供给用户的都是一些毫无价值的信息，那么必然会被用户删号。因此，B2B 网站的微信营销应当更加专注于有价值的行业资讯，如行业热点新闻、最新产品分析、商家企业信息等。因此，在进行微信营销之前一定要收集用户的需求。

5. 永远都不放弃与用户互动。

与用户互动永远都是保持用户活跃度的重要手段。经常性地与用户互动好处很多，如可以了解用户的喜好、收集用户的信息，为企业的下一步决策提供依据。同时经常性地与用户互动，策划一些活动，既能够帮助企业传播品牌，还能够为用户提供实惠。

◆B2C 网站的赚钱之道：创新营销，提升用户体验

案例

聚美优品是目前国内领先的化妆品 B2C 网站，无论是在微博营销、广告营销，甚至是电视营销上，它都领先于其他竞争对手。微信营销发展起来之后，它又是第一批加入公众平台的电商，

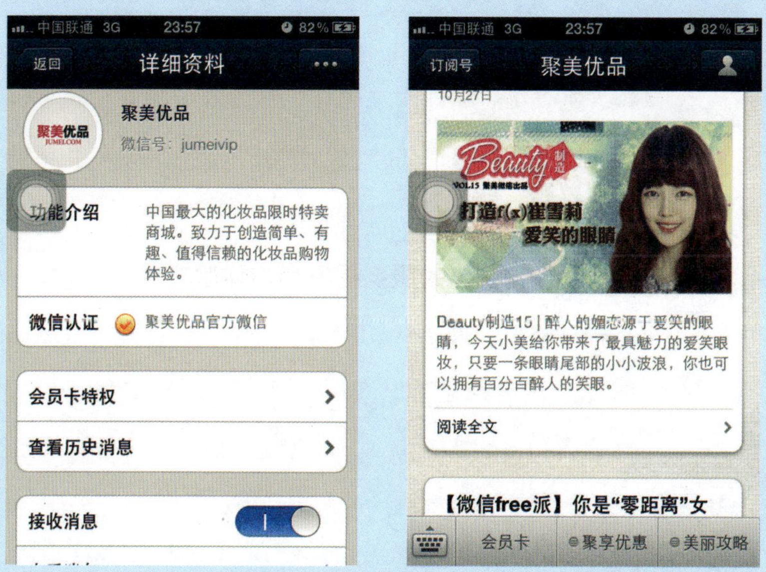

聚美优品的官方微信开创了微信剧的先河。

目前粉丝数目达到 4 万人之多。

无论是聚美优品的微博，还是它的企业微信账号——“聚美小美”都十分受到大家的喜爱。用户扫描它的二维码或者是直接手动添加微信账号，都可以成为聚美优品官微的粉丝。聚美优品的公共平台每天都会向用户推送专门的美妆知识、化妆品团购信息以及相应的有奖活动。

营销手段

微信是一种全新的互动沟通媒介，通过这个媒介，聚美优品不断推出丰富的服务内容，同时更加注重品牌优势向用户体验转化。它的营销策略有以下几个方面。

手段一：通过人性化的服务提升用户体验

根据用户的喜好以及平台的特殊性，聚美优品更加注重公众账号的人性化。凡是关注聚美优品公众账号的用户都知道，"聚美小美"是一个有血有肉的卡通形象。除此之外，在服务上，用户可以向它咨询相关的产品信息，还可以调侃它，甚至可以向它索要创始人陈欧的签名。而且"聚美小美"还会定期推送某个产品的试用信息，用户可以申请领取，这就大大提升了用户体验，保持了用户的活跃度。

手段二：把微博粉丝转化为微信粉丝，提高用户黏度

聚美优品的微博粉丝达到40万人，如果能将这一部分粉丝转移到微信上来，那么营销效果是可想而知的。基于这一点，聚美优品在微博页面最醒目的地方都放置了公众平台的二维码。这一部分粉丝可以称得上是精准的用户群体，而这里的每一个人都将成为微信传播链条上的重要成员，精准粉丝转化成忠诚用户，这就大大提高了用户黏度。

手段三：传统营销与创新营销相结合，有奖活动和微信剧一个都不能少

聚美优品除了经常在微信上推一系列传统的有奖活动以外，最重要的，它采用了一种创新的营销模式，那就是打造了微信剧。

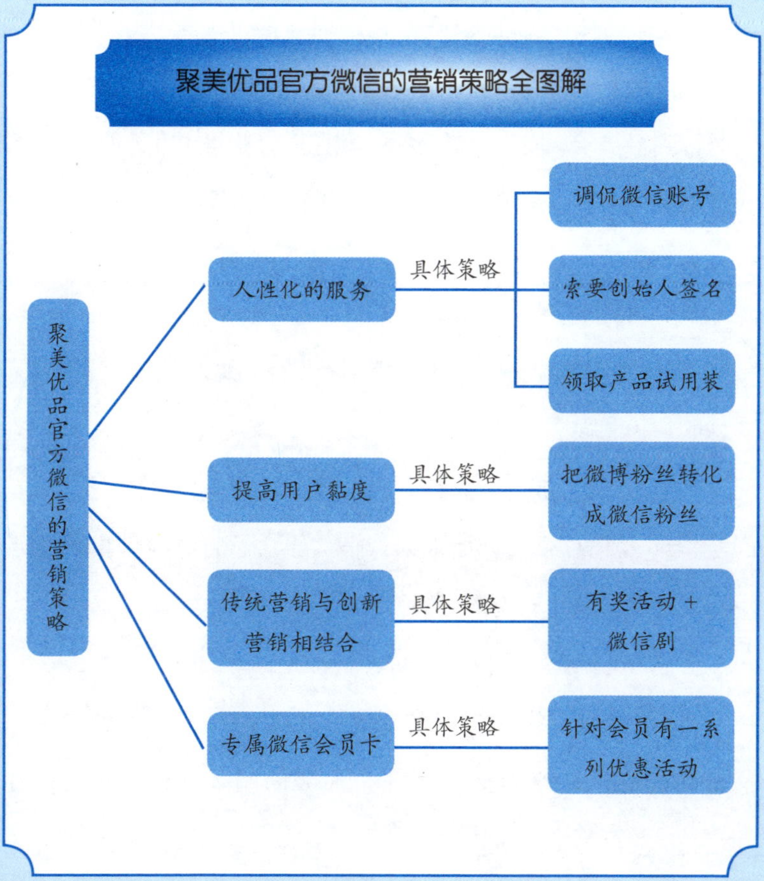

如 2013 年元旦推出的电台小品“七夏摄影季”，用户收听之后，可以参与讨论与剧情有关的相关问题来获取相应的奖品。这是一种新型的微信传播形式，属于行业内第一家，这种方式让许多用户都积极参与其中，并十分乐于参与讨论。

手段四：领取专属微信会员卡

凡是关注聚美优品公众平台的用户都可以来领取专属微信会员卡。用户无须下载任何应用，只需要按照步骤轻点几下，就可以得到会员卡。成为会员之后，就有机会获得 100 元的优惠券，而且聚美优品还会经常推出针对会员的一系列优惠活动。

“微”而告之

B2C 是企业通过互联网为用户提供的一种新型的购物模式，这种购物模式既为企业节省了运营成本，又为用户提升了购物空间，并节省了购物时间。目前，随着微信在行业内的应用越来越广泛，许多 B2C 企业开始加入微信大军中，这些企业的侧重点不同，运营方式也稍有差别。

1. 善于利用微信自身的功能。

微信自身有很多强大的功能。B2C 网站最重要的是利用这些功能在微信平台上实现完整业务的闭环，即用户可以在

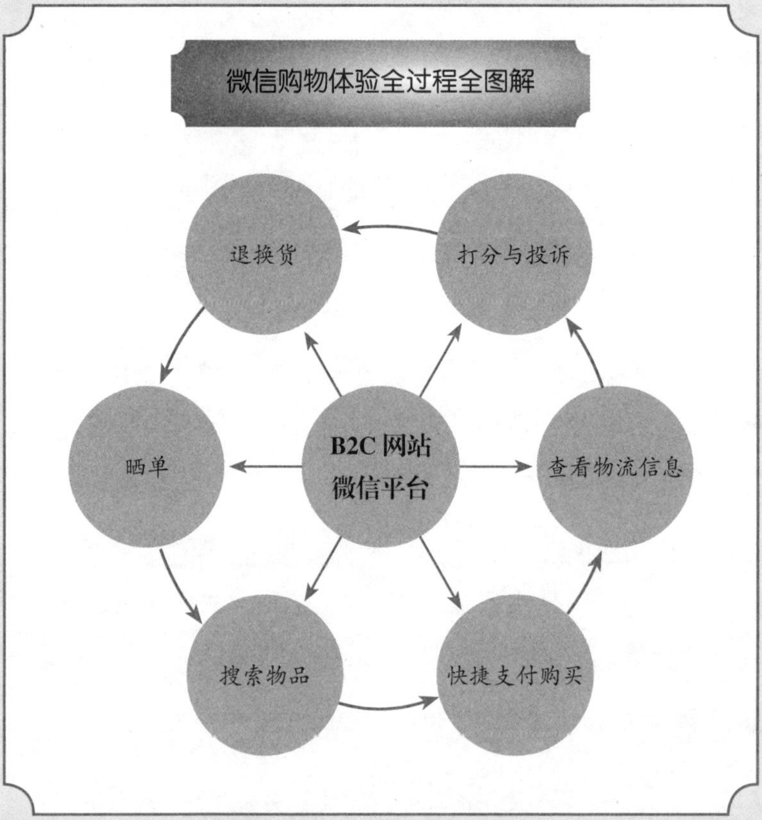

公众平台上实现搜索物品、快捷支付购买、查看物流信息、打分与投诉、退换货、晒单这一全过程。因此，B2C企业应当建立专门的微信客户平台和售后服务系统，提升服务质量，鼓励用户采用这种购物模式，同时让用户真正感觉到这是“一

对一”的购物体验，完全不亚于逛实体店，甚至比实体店更加完善。

2. 精准的推送消息，多元化的对话模式和推广方式。

B2C 网站的微信推广活动目的是带来订单的大规模提升。因此，在对话模式方面要考虑到智能手机的特点，这样，自主设计能够帮助用户快捷完成购物过程的界面就显得尤为重要了。同时及时响应用户提出的各种购物问题也是很重要的，精准的消息推送，有助于提高转化率和用户的忠诚度，最重要的是能够提高用户的活跃度和客单价。

3. 不拘泥于传统的营销模式，创新性和多样性相结合。

传统的营销模式无非通过文字、图片、视频等推送相应的行业信息和互动活动。诚然，这样的活动是必不可少的，但是营销需要创新，拘泥于传统只能起到缓慢的助推作用，而创新性与多样性相结合才是评估营销好坏的关键。

如聚美优品公众平台策划的微信剧，是行业内首家开微信剧的平台，给微信平台的传播方式带来新的发展空间，同时也注入了更多的内涵。

4. 重视人性化的服务。

重视人性化的服务是能否提升用户体验的关键。微信重在“信”和“一对一”的沟通，这也是微信的最大特点。

要让用户感受到他面对的不是冷冰冰的机器人，他所接收到的信息不单纯是广告，而他收到的回复也不仅是机器人的自动回复。有互动、有沟通，才会赢得更多人的信任，这是微信营销的价值所在。

保持用户黏度的微信营销之道

微信营销给各行各业都带来了一轮新的营销契机，无论是传统行业、新兴电商还是网络传媒都应该抓住这个机遇。

简单说来，微信营销，是面向用户的一种营销方式。增强微信公众号的用户黏度是很重要的，这一点做得好，用户舍不得离开你的网站，时间长了，就成为忠实访客了。但是如何留住用户呢？手机又不同于网站，它没有可供用户收藏的链接，基本上，用户放弃之后，就很难再回头。这就意味着，大部分情况，微信营销只有一次机会。

但是，就像我们前面案例里提到的那些公众账号，它们确实把访客吸引住了，不但内容做得好，而且把这些内容有机地串联起来，让访客能够在优质的内容中漫游，总结起来，基本上有以下几个环节。

第一，取一个通俗易懂的名字。

起一个好的名字是一件马虎不得的事情，尤其是微信名字，一经确定，就不能再进行修改。在这一点上，最直接的建议就是让人一眼就能看懂，最好能够采用“品牌名＋功能”的格式，例如“××广告创意”“××美衣专卖”，等等。微信名字会出现在每篇微信正文的标题之下，大部分人都是看了名字觉得感兴趣之后才会关注的，所以，告诉你的潜在用户，你能为他提供什么是最重要的。

第二，标题可以再“狠”一点。

微信上，不管是主动推送的图文，还是别人转发的图文，基本上第一眼就能看到标题。标题可以称得上是微信的探路先锋。试想一下，如果你的标题起得不起眼，别人还会点开吗？如果连点开的机会都没有，别人又怎么能成为你的粉丝呢？

一般情况下，自然转发的粉丝最容易成为忠实粉丝，因此，在设置标题的时候，最好能够“狠”一些，最好能够直击用户的内心。标题中还要多用一些标点符号，如感叹号、省略号或问号等，尽量不要太直白，这样才能使读者有点进去的欲望。除此之外，标题中最好不要用陈述句和晦涩难懂的词语。

第三，关注自动回复要有“见面礼”。

这一点是留住用户的最重要的技巧之一，所谓的“见面礼”不是真的给用户送礼物，它可以是虚拟的积分、精彩的图文等。举个例子来说，别人关注你之后，在自动回复时除了说一些“您好”“祝您生活愉快”等客套话之外，还要简单介绍一下自己，告诉他，你可以为他提供什么。

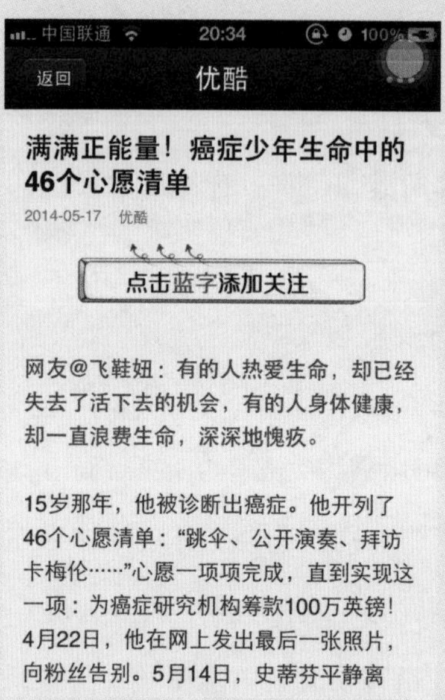

图中的标题很简单，"癌症少年的愿望清单"直击用户内心，会让人产生一种想了解并且继续读下去的欲望。

第四，功能介绍很重要。

用户关注之后，都会想知道自己关注的这个公众账号到底是做什么的。通常情况下，用户会点一下屏幕右上角的人像，看看"功能介绍"。别看这样一个小人像，却藏着大乾坤呢。这个功能介绍不需要大段话的赘述，只需要一两句简单的话说清自己的功能、属性，告诉他你可以给他带来什么即可。

第五，别忘了提示点击蓝色字体。

蓝色字体指的是微信的名称，它会出现在每篇文章标题的下面，直接点击就可以关注了。这个动作十分简单，所以要抓住这个机会，在正文开始的时候，引导访客进行关注。方法包括：做一些文字提示、图片箭头指向提示和作者提示等。

第六，提示点击"阅读原文"。

在微信文章的左下角，有"阅读原文"四个字，这是微信平台上唯一可以做内链的地方，这里可以插入一个链接，链接内容可以根据具体情况而定。

第七，不要忽略提醒关注方法，提示分享转发、收藏等。

一般情况下，每篇文章的最下方，都会有一个页脚，这个页脚的功能是帮助提醒转发分享，提醒关注和收藏。我们不得不承认，很多人都是希望能够转发分享的，不做提醒，就可能会失去一次增加粉丝的机会。

第八，自定义菜单设置。

微信中，有一个高级功能，就是可以在底部进行自定义菜单，设置三个大菜单，每个大菜单下面可以设置5个小的下拉菜单，所以一共有15个菜单是可以让用户进行点击的。这些菜单设置得好，用户的点击率就会高。

总之，微信公众账号就像一个微网站一样，只不过它面对的不是搜索引擎，而是直接面对用户，所以在设置以上这些内容的时候都要从用户出发。

除了以上需要注意的环节，策划活动也能提高用户黏度。

活动是争取活跃度的一个支点，如果希望对社群中的人进行持续的影响，就需要把每个人变成内容的参与者和制造者。无论做什么类型的活动，都需要先做三件事：自身产品定位、用户群体定位、营销平台的选择。

1. 活动不是必需品，做活动之前要想清楚目的。知道自己为什么做这件事，活动结束后才能印证目的是否达成，活动是否成功。每次活动都应该记录下数据资料，作为今后组织活动的参考资料。

2. 找准公众号的定位，活动要与定位相符，活动内容要与用户预期一致。如果公众号定位是品牌宣传，突然来一个促销活动，可能效果就不是很理想。因为这干扰了老用户的预期。

3. 如果写不出一个好标题，可以复制一个热门鸡汤文的标题，然后在活动内容最开始的地方进行修改。很多标题党虽然吸引人，但内容和标题衔接得不好，基本上用户点进去之后就会马上跳出。

4. 把内容与样式做得精致一些，内容不要太多，内容越多，阅读完的成本就越高，点“阅读原文”的人就越少。

此外，策划活动需要注意一些细节：

1. 持续性。活动策划的时候不要只顾着眼前，还要着眼于之后的活动，让它成为一个系列，最好是把几次活动的架构和联系全部列出来之后，再准备文案，这样不会让人觉得突兀。

2. 做一个能吸引人的文案。微信不是传统行业，它以文字和图片为主，所以一个能吸引人的文案尤为重要。文案的名字需要给别人想象的空间，开头要能够吸引别人继续读下去，结尾要能够让别人自然地参与活动，这些都是在策划中需要注意的地方。

3. 高中奖率。既然是做活动，就是要让粉丝得到好处。提高活动中奖率，粉丝的积极性才能调动起来，才会帮你转发。

4. 设置低门槛。门槛低参加的人就多，你就能一直活跃于粉丝的视线，自然也达到了推广的目的。

5. 趣味性。不要硬生生地推出活动文案，增加活动趣味性更能让粉丝主动参与，并且把这个活动转发到朋友圈，持续循环下去。

其实，不管是做微信活动还是做现实中的活动策划，都是一样的道理，如果你能认真思考，认真分析，这个活动也就成功了一半，怕的就是不认真、没耐心。

第6章

你还不知道的微信另一面

打开微信，也许你以为自己对微信的各种功能、用途已经了然于心了，但是事实上，微信还隐藏着许多你不知道的秘密，你知道微信用户都有哪些行为习惯吗？你知道微信朋友圈里开“微店”的秘密吗……

朋友圈流行开“微店”，赚的都是熟人的钱

随着各种功能的不断完善，微信已经在人们的生活中占据了一席之地，人们不再满足于微信聊天、飞机大战等这些红极一时的功能了。最近，在微信上购物似乎也成了一种新的潮流，尤其是当微信营销成为新的热门话题之后，人们似乎慢慢地习惯了被朋友圈各种商品推荐刷屏这一现象了。

数据调查显示，在“朋友、同学等周围的人都在使用微信”“好奇心的驱使”“可以语音群聊”“免费传输语音、文字信息”等几个原因中，其中有71.32%的用户是因为受到周围朋友的影响才选择的微信，而有47.41%的用户是出于好奇尝试心理使用微信的，有至少34%的人是因为免费传输语音、文字信息而进行选择的。由此可见，微信这个社交软件，更多来自熟人圈子的推广和口碑的传播。那些出于好奇尝试心理使用的人也是微信的最初用户，而微信的免费传输语音和文字的功能，也吸引着用户，并通过社交圈子进行传播。

那么，在微信朋友圈里开店的人到底有多少呢？打开微信

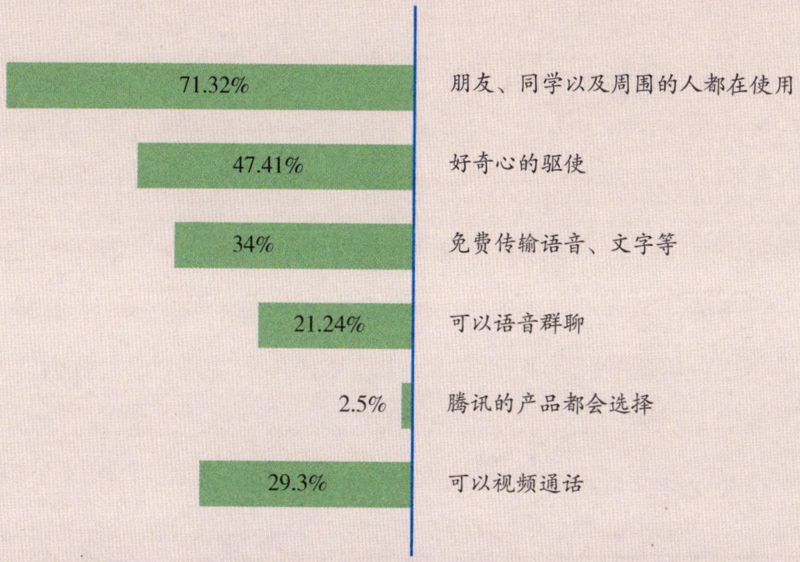

中“附近的人”，会搜到不少商家。这些人里有卖服装的，有做家电维修的，有做房产中介的，甚至还有开办培训、代办信用卡的。这些人会在自己的微信简介里标明生意范围和联系方式。一旦打开“附近的人”这个功能，过不了多久就会有用户主动联系你，并发送好友请求。

调查显示，基本上每个人的微信朋友圈里都会有那么一两个吆喝生意开“微店”的，这些人有的是朋友，有的是朋友的朋友，他们有的卖衣服，有的卖化妆品，也有人帮别人做海外代购，几乎每天都会上传大量的商品照片。一般情况下，朋友圈的这些商家都会设置一些比较容易让人心动的价格来吸引买家。

朋友圈里开微店，赚的都是熟人的钱。在朋友圈里，很多人都会受益颇丰，而买家之所以会选择这个地方，一来是熟人之间的信任度比较高，二来是不需要走那些刻板的流程。因为大家都互相熟悉，买家一旦看中某种商品或者需要某种商品，可以直接在微信上进行交流。而卖家也可以根据买家的需要进行备货，顾客可以拿到货后再进行付款。对于买卖双方来说都是十分便捷的。最重要的是，通过这种买卖方式，还会有不少朋友介绍来的客户主动找上门来，客户群变得越来越大，生意也会变得越来越好。

微信平台方便、快捷，但是也有一定弊端。对于卖家而言，如果买家在微信上约定好要的货品，在未付款的情况下，货品到了，客户却不想要，最后就只能屯在自己手里，这是微信买卖的一个缺点。但是无论什么样的情况，只要买卖双方本着诚信的原则，那么这个购物方式就是值得推广的。

微信支付
——安全的掌上 Pos 机

你是否想过，有一天，你只需要在某个程序或者软件中关联一张银行卡，并按照提示完成相应的身份验证，就能将你的智能手机变成一个全能钱包了？无须再绞尽脑汁地猜测这是一个什么样的软件了，这些支付需求，微信都能帮你实现。

微信支付是微信及财付通联合推出的一种移动支付创新产品。这一产品的开发成功为微信用户提供了更加优质的支付服务，而且在支付的过程中，财付通负责提供安全系统的支持。用户完成关联银行卡、身份认证这两个动作后，就可以购买合作商家的商品或获取服务了，在支付的过程中，只需要输入密码，不需要任何刷卡步骤即可完成，整个过程十分简捷。微信支付虽然方便，但是很多人也会忍不住质疑，这种支付方式的安全性到底有多高呢？和 QQ 一样，很多人都遇到过微信账号被盗的问题，如果手机被盗，那么只要知道身份证、手机号码、银行卡号码，那么就可以直接进行转账，一旦发生这种情况，后果是不堪设想的。但是就微信支付而言，它们可以为用户提

商家如何开通微信支付接口
第一步
申请成为服务号
申请微信认证
第二步
填写商家基本信息
填写业务审核资料
第三步
开始开发工作
在线签订合同
第四步
缴纳保障金
申请全网发布
开始支付测试
用户如果进行微信支付
首次使用
扫描商品二维码
直接点击微信官方认证公众号的购买链接
点击立即购买，弹出微信安全支付弹层
点击立即支付，提示添加银行卡
填写相关信息，验证手机号
两次输入，完成设置支付密码，提示购买成功供五大安全防护保障。

第一，微信依托于腾讯，微信支付的后台有腾讯的大数据支持，这些数据能够帮助判断用户的支付行为是否存在着风险，以及风险系数有多高，从而最大限度地保证交易的安全性。

第二，微信支付有 7×24 小时的全天候服务，能够及时为用户提供支持和帮助，而且微信支付还开辟了自己的客服通道，能够快速地回答用户提出的问题，并提供相应的解决方案。

第三，微信支付依托于智能手机，这些手机的安全应用商也会相应地提供支持和帮助。

第四，从其自身的安全机制来看，由于要考虑用户的使用体验和心理感受，他们会不断地开发一些如硬件锁、支付密码验证等应用手段，从而形成全方位的安全保护。

第五，虽然这些安全措施都已到位，但仍不可避免地会出现账户被盗的情况，那么微信支付就要对责任进行核实，并第一时间进行赔付。

微信本身就是一种高频的应用，微信支付在某种程度上培养了一部分用户的移动支付习惯，这就给支付宝带来前所未有的威胁。甚至有人认为，微信支付总有一天会完全取代支付宝的地位。微信支付的出现扩大了线上交易，并且增加了支付的半径，它是线上支付市场的一个参与者。用户在玩手机的时候，顺带着就进行了支付消费，提升了消费体验。微信支付内置于微信，用户在消费的时候不需要进行第二次甚至是第三次动作就能完成支付过程，例如在购物的时候，通常微信扫描二维码，获取信息获得微信支付密码后就可以完成购物的整个流程，但是支付宝钱包是以独立的产品形态存在的，从这一点来看，支付宝钱包远不如微信支付方便。而且，在实际的交易购物过程中，微信支付的模式是将购物所需要的现金直接支付给店主，而支付宝的模式是将购物所需要的钱转账给店主。

总之，微信支付的出现带来了安全快捷的线上支付体验，并不动声色地渗透到生活的每个角落。

支付宝与微信支付的优劣对比		
项目	支付宝	微信支付
线上资源	依托于淘宝网，有庞大的用户群，开通快捷服务平台，提供主动的消费支持	为商家提供平台，为用户提供一个更加具有自定义风格的购买渠道
线下资源	优势不大，主要依托于线上	通过扫描二维码等形式进行支付，为移动支付端提供了线下的购买途径。但由于支持设备的限制，并不普及
支付功能	设备齐全，常用的功能已经全部覆盖，积极推动互联网金融，提供低风险基金项目	基于本身的游戏、表情、会员等，可以加入小额支付。开创了公众账号这一新型的广告、销售渠道，并已经形成了一定的商业圈
支付安全	支付宝具有风险监控、数字证书、宝令手机版（动态口令）等多种技术支持	相比来说安全性差一些

微信管家——全新的微信互动营销体验

也许你还处于微信营销的菜鸟阶段，也许你还在为找不到合适的营销方式而苦恼。别着急，微信管家来了。

微信管家是一种基于微信公众平台企业应用的托管式服务模式。它可以帮助不同的行业、企业提供运营企业微信的需求。例如，可以帮助用户进行微信营销推广，从而在短时间内增加用户的关注量，可以为用户提供互动营销的维护，包括人工微信客户受理服务，引导用户下单等，最后对营销效果进行分析。

微信管家提供的基础服务包括客户服务、产品推荐、互动营销、市场调查、产品订单等。目前它的服务套餐大致有免费型、商务型和行业套餐三种类型，每种类型提供的服务内容也不太一样。其中免费型的主要内容包括：自动应答菜单、关键词应答设置、微网站、优惠券发放、微信互动营销（抽奖、游戏等）等；商务型的主要内容包括商务套餐的升级，微信会员卡的使用，这可以增强营销的互动性，提高营销质量；而行业套餐则指的是帮助企业量身打造个性化的微信应用。

具体的服务项目如下：

自动应答菜单设置

自动应答菜单指的是将企业的信息以及其能够提供的服务通过菜单的方式展现出来，从而起到引导用户的作用。菜单的内容可以是文字、语音，也可以是图文消息或者微网页的链接等。

自动应答菜单设置	
菜单模板	用户首次注册使用体验版，微信管家可根据用户注册时填写内容自动生成交互式菜单，同时不断地为用户更新特色的菜单案例，供用户进行参考
菜单层级	通过增加菜单等级的深度可以对企业服务进行细化，帮助提升用户体验
菜单关键词	有层级属性，即某菜单选项下的关键词只在此层级下有效。此功能可以使企业信息显示更加有针对性，关键词利用率更高
菜单使用统计	高级服务功能，统计交互式菜单中每单项的点击率，为企业对交互式菜单的修改提供参考

关键词设置

企业在使用微信管家套餐后，微信管家会提供基础的一些关键词模板供用户进行编辑，这种关键词问答服务，可以帮助解决用户可能提出的各种相关问题。而且企业通过微信管家设置的自动应答的关键词是没有数量限制的。这种方式可以帮助企业在微信营销的过程中大大提升用户体验。

帮助推送消息

微信是一种互动性很强的沟通工具。微信管家可以帮助提供更加多样化的编辑方式，如文字、语音、图片、图文消息等。让互动的内容更加多样化。

企业微网站建设

微网站指的是将企业的信息、内容、服务范围通过微信网页的方式展现出来，帮助增加信息的展示量，以提升用户体验。微信管家可以为企业提供免费的普通模板，一旦企业升级为高级用户，还会有更多的个性化模板，同时还能帮助统计流量。

定制企业优惠券

目前，在多种多样的营销手段中，发放优惠券是企业选择的最为广泛的一种促销方式，但是目前发放优惠券的方式越来越多，发放渠道也五花八门，用券方式比较烦琐，导致用户体验降低。企业通过微信发放优惠券，可信度高，用户获取及用券的方式也更加方便。

企业优惠券功能介绍	
优惠券模板	企业根据自己的需求对微信管家提供的优惠券模板进行优惠券的快速制作，方便开展优惠活动。优惠券模板分为文字和图片两种模式
编号功能	方便企业统计优惠活动效果，微信管家为企业提供优惠券编号功能，做到一卷一号，并为企业提供企业端的优惠券录入平台，可对用户使用的优惠券进行实时记录
使用记录系统	为企业提供优惠券使用记录客户端，帮助企业在线下记录用户使用优惠券的情况，用于优惠券相关信息统计
优惠券定制	企业需将优惠券设计图及相关文字进行上传，由微信管家团队进行处理，避免了局限性
优惠券领取统计	帮助企业统计用户领取优惠券的情况，方便企业对优惠活动的吸引力、活动知名度等情况进行评估
优惠券使用统计	优惠券使用量的一个统计。通过与优惠券领取统计进行比较可以对企业优惠活动的有效性进行评估，为企业再次开展优惠活动提供参考

微信互动营销

微信互动营销活动是指企业利用微信的强交互性，通过对互动流程和方式的设计，达到营销的目的。

微信互动营销的方式		
营销方法	具体操作方式	营销目的和结果
抽奖互动	微信管家为企业提供了轮盘、刮刮卡、老虎机三种摇奖游戏，企业可自助设计中将概率，摇奖图标	企业较为常用的互动营销活动，具有较强的娱乐性，通过每日限次摇奖等方式可以提高企业的公众号对用户的黏性，并在一定程度上形成口碑营销的效果
互动统计	微信管家为企业提供互动统计模板，企业可以自助上传调查题目及选项，并设置互动统计活动开头语和结束语，并可在结束语中包含相应奖励	为了方便企业进行市场调查
互动推荐	通过微信收集用户某些特性，为用户推荐适合的产品	帮助企业实现个性化营销的效果，企业在互动推荐中搭配相关优惠可有效提高产品销量
互动游戏	企业通过活动冠名、围绕主题设置活动内容等方式可以达到很好的互动营销效果	娱乐性强、带动面广，可以形成很强的口碑营销效果
活动统计	微信管家为企业提供活动参与率、完成率、中奖率、活动参与用时等数据统计	为企业对活动效果评估及活动内容调整提供参考

微信会员卡

微信会员卡是指企业对其微信用户提供身份标识，用户通过微信会员卡可以享受企业相关特权服务。企业可以通过微信会员卡记录用户线上和线下的相关信息，并设立积分、会员卡级别分类等功能，为用户提供个性化服务，从而提升用户体验，提高企业服务质量。

门店的设置和验证

这一功能主要是帮助企业设置并验证门店，进入门店设置后，开设门店验证平台账号、丰富和完善门店信息，一步就能搞定。同时门店验证平台还能帮助查看会员卡用户的消费记录以及用户兑奖的验证信息。

客户关系管理

客户关系管理的目标是缩减销售周期和销售成本、增加收入、寻找扩展业务所需的新的市场和渠道以及提高客户的价值、满意度、营利性和忠实度。

版权信息

为企业提供页面版权声明添加功能。

图文信息的外部链接

在微信内容上添加链接，点击图文就可直接进入链接的网页。

自定义菜单

创建自定义菜单后，由于微信客户端在进行缓存，所以需要 24 小时后微信客户端才会展现出来。建议测试时可以尝试取消关注公众账号，再次关注，即可看到创建后的效果。

总之，微信管家为企业提供了一种全新的微信互动营销体验，它为企业在微信营销的过程中提供快速、智能的管理以及有针对性的功能性服务。